Bornemann · Controlling im Einkauf

Dr. Hellmut Bornemann

Controlling im Einkauf

Planung – Analyse – Bericht – Fallstudien

GABLER

CIP-Kurztitelaufnahme der Deutschen Bibliothek

Bornemann, Hellmut:
Controlling im Einkauf : Planung – Analyse – Bericht ;
Fallstudien / Hellmut Bornemann. – Wiesbaden : Gabler,
1987.

ISBN 978-3-663-01516-1   ISBN 978-3-663-01515-4 (eBook)
DOI 10.1007/978-3-663-01515-4

© Springer Fachmedien Wiesbaden 1987

Ursprünglich erschienen bei Betriebswirtschaftlicher Verlag Dr. Th. Gabler GmbH, Wiesbaden 1987

Umschlaggestaltung: Schrimpf und Partner, Wiesbaden
Satz: Lichtsatz Michael Glaese GmbH, Hemsbach/Bergstr.
Softcover reprint of the hardcover 1 edition 1987

Vorwort

Controlling im Unternehmen ist eine Führungsaufgabe, die sich nicht auf eine bestimmte hierarchische Ebene beschränkt. Der Controller in der Unternehmensleitung bedient sich des Controlling-Instrumentariums für die Bestimmung der operativen und strategischen Zielsetzungen und für deren Überwachung. Im gleichen Umfang werden diese Instrumente vom Controller auf Geschäftsbereichs- und Produktbereichsebene eingesetzt. Viele Unternehmen haben schon frühzeitig erkannt, daß die Controlling-Funktion auch in den Teilbereichen des Unternehmens – im Vertrieb, in der Fertigung, in der Entwicklung und in der Verwaltung – entscheidende Impulse zur Verbesserung der wirtschaftlichen Leistungserstellung und Leistungserbringung geben kann.

Controlling ist also nicht nur ein Steuerungsinstrument für das ganze Unternehmen, es ist auch ein Steuerungsinstrument für die Teilbereiche. So ergibt sich folgerichtig für eine Auseinandersetzung mit der Funktion des Controlling und mit der Aufgabenstellung des Controllers im Unternehmen zunächst die Notwendigkeit, einen allgemeinen Überblick über dieses Führungsinstrument im Unternehmen zu schaffen. Diese allgemeine Funktionsbeschreibung ist die Zielsetzung meines Buches „Controlling heute" (Bornemann, H.: Controlling heute, 2. Auflage, Wiesbaden 1986), für das schon nach einem Jahr die zweite Auflage erscheinen konnte. In „Controlling heute" wird besonders auf eine volle Realitätsbezogenheit geachtet: Sowohl die Auswertung von Stellenangeboten zur Ermittlung der Einstellung der Wirtschaft zum Controller zum gegenwärtigen Zeitpunkt als auch Fallstudien aus den Aufgabengebieten des Controllers spiegeln die Gegebenheiten im heutigen Wirtschaftsleben wider. Aufgezeigt werden die Rahmenbedingungen für den Einsatz des Controllers, seine Aufgabenschwerpunkte und seine Stellung im Unternehmen.

Ergänzt wird diese grundlegende Darstellung der Controller-Funktion durch die besondere Verantwortung des Controllers für bestimmte Arbeitsgebiete, die heute schon im wirtschaftlichen Alltag eine wichtige Rolle spielen und in Zukunft durch die veränderten technologischen Strukturen eine zunehmende Bedeutung erhalten werden. Dies gilt für den Aufgabenbereich der Bestandshaltung und Bestandsüberwachung (Bornemann, H.: Bestände-Controlling, Wiesbaden 1986) und die Aufgabenstellung des Controlling im Einkauf, auf dessen Bedeutung das vorliegende Buch eingeht. Beide Themenkreise sind eng miteinander verbunden, da sie durch den zunehmenden Materialanteil in der modernen Fertigung in den Mittelpunkt der Kostenbetrachtungen gerückt sind.

„Controlling im Einkauf" soll eine Stütze nicht nur für die im Einkauf tätigen Mitarbeiter darstellen. Auch die Führungskräfte aus anderen Bereichen sollen auf die Problemstellungen im Zusammenhang mit der Materialversorgung hingewiesen werden. Der Controller soll auf Arbeitsgebiete aufmerksam gemacht werden, die in der Vergangenheit zu sehr vernachlässigt wurden. Und schließlich soll dieses Buch auch der Unternehmensleitung Wege für eine Verbesserung der Effizienz im Unternehmen aufzeigen.

Inhaltsverzeichnis

Einführung:
Die zunehmende Bedeutung der Materialkosten

Bei einer Pressekonferenz des Jahres 1984 der deutschen Tochtergesellschaft eines bedeutenden internationalen Konzerns wurde auf die Strukturveränderung des Kostengefüges in der Elektroindustrie hingewiesen und als Beispiel die Kostenstruktur eines Fernsehgerätes aufgezeigt. Der Materialanteil an den gesamten Produktkosten wurde für das Berichtsjahr mit 80 Prozent angegeben.

Dieses Beispiel stellt sicherlich einen Extremfall dar. In den letzten Jahren sind aber in vielen Bereichen, in denen die neue Technik eine wesentliche Rolle spielt, erhebliche Strukturveränderungen eingetreten. Viele Beispiele aus der Elektroindustrie – aber auch aus anderen Industriezweigen – könnten aufgeführt werden, aus denen deutlich wird, daß die veränderte Technologie mit Hilfe der elektronischen Bauelemente und der Leiterplatten zu einem ständigen Zurückdrängen des Lohnanteils in den Fertigungsstätten geführt hat und immer noch führt. An die Stelle des Fertigungslohnes treten in diesen Fällen die Materialkosten.

War die Struktur der Produktkosten vor zwanzig Jahren noch über weite Teile der Industrie mit einem Fertigungslohnanteil von etwa 10 Prozent, einem Materialanteil von etwa 30 bis 40 Prozent und einem Gemeinkostenanteil von etwa 50 bis 60 Prozent vergleichbar, so zeigt sich an dem zitierten Beispiel des Fernsehgerätes das volle Ausmaß der industriellen Revolution, in der wir leben. Die Auswirkungen im volkswirtschaftlichen Verständnis ergeben sich aus den Daten des Arbeitsmarktes, die durch keine staatlichen Förderungsprogramme, sondern nur durch eine allmähliche Umstellung der Industrie auf die veränderten Strukturen beeinflußt werden können.

Die Gründe für die Strukturveränderungen der Produktkosten durch den Abbau des Fertigungslohnes und den Aufbau der Materialkosten liegen nicht nur in der technologischen Entwicklung. Der Ersatz von ganzen Fertigungslinien in der konventionellen Fertigung durch Baugruppen und Bauteile, deren Leistungsfähigkeit durch die ständige Weiterentwicklung von Bausteinen mit einer noch größeren Speicherfähigkeit laufend weiter zunimmt, hat nicht nur die Kostenstrukturen der Erzeugnisse, sondern auch deren äußeres Erscheinungsbild verändert. Zum Teil können die Produkte infolge des technologischen Wandels auf einen Bruchteil der ursprünglichen Dimensionen zurückgeführt werden.

Veränderungen des Materialinhaltes ergeben sich jedoch auch bei den Produkten der konventionellen Technologien. Zum Teil ist diese Entwicklung auf die Verteuerung der Lohn- und Lohnnebenkosten, zum Teil auf die Exportabhängigkeit bestimmter Wirtschaftszweige zurückzuführen.

Gerade einfache, sehr lohnintensive Fertigungsstrukturen werden von Ländern angeboten, deren Personalkostengefüge die Aufrechterhaltung dieser Fertigungen im eigenen Land unmöglich macht. Nur durch Verlagerung in diese Billiglohnländer gelingt die Erhaltung der Wettbewerbsfähigkeit der eigenen Produkte am Weltmarkt.

Die Rücksicht auf eigene Exportmöglichkeiten zwingt manche Unternehmen darüber hinaus, eigene Fertigungsstätten in den Exportmärkten zu errichten und einfache, lohnintensive Fertigungen in diese Länder zu verlagern. Durch Zulieferungen höherwertiger Technologien aus dem Stammhaus soll der Exporterfolg gesichert werden.

Und schließlich führen „Make-or-Buy"-Entscheidungen zu Reduzierungen der Fertigungstiefe, das heißt zu einer Zunahme des Materialanteiles, wenn zur Vermeidung von Kapazitätserweiterungen oder bei Vorliegen von Angeboten mit besonders günstigen Preisen hochspezialisierte Unternehmen auf den Aufbau eigener Fertigungslinien aus wirtschaftlichen Gesichtspunkten verzichten.

Die Auswirkungen der technologischen Veränderungen und der unternehmerischen Entscheidungen führen in diesen Fällen über die Erhöhungen der Materialanteile an den Produktkosten zu einer stärkeren Beachtung des Materialeinsatzes durch die Unternehmensleitung. Im Unternehmen gewinnt das Beschaffungs-Management einen anderen Stellenwert.

Ein höherer Materialanteil bedeutet aber nicht nur ein größeres Aufgabengebiet für die im Einkauf beschäftigten Mitarbeiter. Ein höherer Materialanteil verlangt auch eine Prioritätsverlagerung bei den Kostensenkungsaktivitäten im Unternehmen.

1. Der höhere Materialanteil
   verändert die Beschaffungsstrukturen

Höhere Anforderungen an die Qualifikation der Einkäufer

Die Anerkennung des Beitrages der für die Beschaffung tätigen Mitarbeiter zum Unternehmensergebnis war in der Vergangenheit nicht in allen Unternehmen sichergestellt. Jede neue Auftragsmeldung des Vertriebs wurde und wird als ein Beitrag zur Zukunftssicherung in vielen Fällen auch dann noch akzeptiert, wenn die Kalkulationen eine solche Beurteilung eigentlich nicht zulassen.

Der Einkauf hat es wesentlich schwieriger, für seine Tätigkeit Anerkennung zu finden. In der Regel sind die Einkaufspreise zu hoch (dies ist dann der Grund für die unzureichende Kalkulation), und verspätete Anlieferungen hat der Einkauf zu vertreten, auch wenn die gewünschten Liefertermine unter Umständen noch vor der Bestellaufgabe liegen. Entsprechend ist auch in vielen Fällen die Personalauswahl und die Qualifikation der im Einkauf beschäftigten Mitarbeiter.

Die größere Bedeutung, die aufgrund der höheren Materialkosten dem Kosteneinsatz, den Kostenverteuerungen, den Kostensenkungsmöglichkeiten und dem Einkaufsniveau ganz allgemein zukommt, führt zwangsläufig zu einer Umorientierung in bezug auf die personelle Ausstattung der Beschaffungsfunktion. Sie führt aber auch zu einer Umorientierung der Aufgabenstellung für den Funktionsbereich Beschaffung.

Die veränderte Einstellung läßt sich an Stellenangeboten ablesen, aus denen deutlich wird, daß die Einkaufsfunktion in der Management-Hierarchie eine Veränderung erfahren hat. In einer überregionalen Zeitung wurden die Stellenangebote für Einkäufer und für Einkaufsleiter über mehrere Wochen analysiert. Dabei wurden die Vorbildung, die Fähigkeiten und die beruflichen Erfahrungen erfaßt, die in den Angeboten verlangt werden.

Ein erstaunlich hoher Prozentsatz der Stellenanbieter erwartet von den Bewerbern ein abgeschlossenes Studium. Dabei hält sich der Wunsch nach einem technischen Studienabschluß oder nach einem betriebswirtschaftlichen Studienabschluß etwa die Waage. Mehr als die Hälfte der Stellenangebote richtet sich an Bewerber mit mindestens sehr guten englischen, ein erheblicher Anteil an Bewerber mit englischen und französischen Sprachkenntnissen. Die Auswertung der Stellenangebote nach der erwarteten Vorbildung ergibt sich aus Tabelle 1. Ausgewertet wurden in den Monaten Februar bis Mai 1986 mehr als siebzig Stellenanzeigen.

Bei den Fähigkeiten, die vom Einkäufer erwartet werden, stehen Verhandlungsgeschick, Kooperationsfähigkeit und das Durchsetzungsvermögen gleichrangig nebeneinander. Aus den Angeboten ergibt sich, daß bei der Kooperationsfähigkeit in erster Linie an die Zusammenarbeit im Unternehmen selbst gedacht ist. Die analytischen und strategischen Fähigkeiten sehen nur 9 Prozent der Stellenanbieter im Einkauf für so wesentlich an, daß deren Vorhandensein ausdrücklich gefordert wird. Erstaunlich, wenn man bedenkt, daß die analytischen Fähigkeiten für das Einkaufsmarketing, für

Vorbildung	Gewichtung in Prozent der Angebote
Englisch	49
Englisch und Französisch	9
Technisches Studium	28
Betriebswirtschaftliches Studium	25
Technisches Verständnis	23

Tab. 1: Auswertung von Stellenangeboten für Einkäufer: Vorbildung

die Mengen- und Werteplanung, für die Erläuterungen der Abweichungen von den vorgegebenen Zielen und für die Einbindung der Einkaufsaktivitäten in die Datenverarbeitung von erheblicher Bedeutung sind. Die Auswertung der erwarteten Fähigkeiten ergibt sich aus der Tabelle 2.

Fähigkeiten	Gewichtung in Prozent der Angebote
Verhandlungsgeschick	25
Durchsetzungsvermögen	25
Kooperationsfähigkeit	23
Analytische und strategische Fähigkeiten	9

Tab. 2: Auswertung von Stellenangeboten für Einkäufer: Fähigkeiten

Neben der Vorbildung und den Fähigkeiten wurden aus den Stellenangeboten die beruflichen Erfahrungen ermittelt, die von den Bewerbern für eine Aufgabe im Einkauf vorausgesetzt werden. Tabelle 3 zeigt diese Auswertung. Die größte Bedeutung mit 38 Prozent aller Stellenangebote wird den Erfahrungen im Einsatz mit der Datenverarbeitung beigemessen. Daraus wird deutlich, daß die Einkaufsaktivitäten längst aus dem Stadium der Schätzung und der Registrierung von zufälligen Verhandlungsergebnissen herausgewachsen sind. Modernes Einkaufsmanagement kann einen angemessenen Beitrag zum Unternehmensergebnis nur durch operatives Planen des Mengen- und Werteflusses und durch die Auswertung der vorhandenen Daten leisten. Dazu muß die Datenverarbeitung eingesetzt werden.

An zweiter Stelle in der Bewertung der beruflichen Erfahrungen durch die Stellenanbieter folgt die Erfahrung mit dem Einkaufsmarketing. Die systematische Erfassung der Beschaffungsmöglichkeiten auf den verschiedenen Märkten, die Überlegungen über Alternativen zu vorhandenen Ressourcen und die Pflege des vorhandenen Lieferantenkreises mit Hilfe objektiver Beurteilungskriterien gewinnen in Zeiten des technologischen Wandels einen besonderen Stellenwert. Der hohe Stellenwert des Einkaufsmarketing macht deutlich, daß die Basis für den konkreten Beschaffungs-

Berufliche Erfahrungen	Gewichtung in Prozent der Angebote
Einsatz mit der EDV	38
Einkaufsmarketing	25
Bedarfsplanung, Bedarfsanalyse, Forecasting	15
Wertanalyse und ABC-Analyse	8

Tab. 3: Auswertung von Stellenangeboten für Einkäufer: Berufserfahrungen

vorgang bei sich laufend verändernden Marktbedingungen zeitlich wesentlich früher gelegt werden muß.

Harlander (25, S. 34 ff.) unterteilt das Beschaffungsmarketing-Instrumentarium in die Instrumente der Marktvorbereitung und in die Instrumente der Marktbeeinflussung. Er weist darauf hin, daß das Beschaffungsmarketing – im Unterschied zum Absatz- und Social-Marketing – „als Ordnungsidee zwischen Produzenten, als Gestaltungsrahmen zwischen verkaufendem Lieferanten und einkaufendem Abnehmer noch der konkreten Bestimmung seiner Kriterien" bedarf.

Der Beitrag des Einkaufs zum Beschaffungsmarketing erfordert eine Auseinandersetzung mit den Aufgaben des strategischen Einkaufs. Zu den Leitsätzen für den strategischen Einkauf im Marketing führt Köckmann (34, S. 31 ff.) unter anderem aus: „Die Einkaufsstrategie zielt auf den wirkungsvollsten Punkt, die Notwendigkeit von Geldausgaben und Folgekosten bereits ‚im Entstehen' mit den Möglichkeiten des Marktes zu optimieren. Dazu ist das Know-how der produktivsten Anbieter notwendig. Der strategische Einkauf wird durch schnellere, bessere Informationen und durch nutzenorientierte Auswertung der Marktforschungsergebnisse unternehmerische Entscheidungen im Sinne des kundenorientierten Denkens herbeiführen."

Die Erfahrungen mit den Problemen der Bedarfsplanung, der Bedarfsanalyse und des Forecasting werden in bezug auf die Aufgabenstellung des Einkaufs im Rahmen der Unternehmensplanung erwartet. Von 13 Prozent der Stellenanbieter wird der Beitrag des Einkaufs bei der Mengen- und Wertplanung für den Materialeinsatz für so wesentlich angesehen, daß bereits in der Stellenanzeige die notwendigen Erfahrungen auf diesem Gebiet als Voraussetzung für eine Stellenbewerbung angesehen werden. Unter Forecasting versteht man die monatliche Vorschau im Laufe des Budgetjahres auf das „Voraussichtliche Ist" zu Ende des Jahres aufgrund der tatsächlich eingetretenen Entwicklung. Neben der Zielvorgabe im Rahmen der Budgetplanung für die einzelnen Monate wird aufgrund der Istzahlen zum Berichtsmonat und der dabei aufgetretenen Abweichungen eine Projektion auf das Geschäftsjahresende vorgenommen. Der Geschäftsleitung stehen somit die Planzahlen des Budgets je Monat und zum Jahresende, die Istzahlen zum jeweiligen Monat und das „Voraussichtliche Ist" zum Jahresende als Steuerungsinstrumente zur Verfügung.

In den Stellenangeboten finden sich auch Hinweise auf die Notwendigkeit, Fragen der Wertanalyse und der ABC-Analyse zu beherrschen. Auf beide Analysen wird später ausführlich eingegangen. In den Abschnitten über die Planungsfunktion und die analytische Funktion als Controlling-Aufgaben werden diese beiden Instrumente des modernen Beschaffungsmanagements behandelt.

Die Notwendigkeit für eine höhere Qualifikation, die von den Mitarbeitern im Einkauf erwartet wird, ergibt sich nicht nur aus der Strukturveränderung und den höheren technologischen Anforderungen. Das Einkaufsmarketing muß heute auf einen sehr viel größeren Markt achten und weltweit Kontakte pflegen. Ein großer deutscher Konzern hat sich vor wenigen Jahren entschlossen, „Einkaufsmessen" an verschiedenen Stellen in Ostasien abzuhalten, um die Möglichkeiten dieser Märkte auszuschöpfen. Daher werden die Fremdsprachenkenntnisse erwartet, und in den Stellenangeboten wird auf die Reisetätigkeit verwiesen, die mit der Aufgabenstellung im Einkauf verbunden ist.

Neue Aufgabenstellungen im Einkauf

Verändert haben sich nicht nur die Qualitätsanforderungen an die Mitarbeiter, verändert haben sich auch die Struktur des Einkaufs und seine Aufgabenstellung im Unternehmen.

Analysiert man die Tätigkeiten in einer Einkaufsabteilung, dann lassen sich verwaltende und gestaltende Aufgaben unterscheiden. Tabelle 4 zeigt eine Gegenüberstellung.

Verwaltende Tätigkeiten	Gestaltende Tätigkeiten
– Bestellschreibung – Bestellüberwachung – Verwaltung der Preis-, Lieferanten- und Konditionendatei – Wareneingangsüberwachung – Allgemeine Verwaltungstätigkeit	– Marktbeobachtung – Lieferantenpflege – Planung und Überwachung der Einkaufspreisentwicklung – Planung und Durchführung von Kostensenkungsmaßnahmen im Materialbereich – Verbesserung der Effizienz im Einkauf – Kommunikation im Einkauf und mit anderen Bereichen zur Klärung und Verbesserung der Bedarfsentwicklung und Bestellabwicklung – Bestandsbeeinflussung

Tab. 4: Tätigkeiten im Einkauf

Aus Erhebungen in Einkaufsbereichen unterschiedlicher Fertigungsstrukturen über die Belastung der Mitarbeiter in bezug auf die verwaltenden und gestaltenden Tätigkeiten ergab sich eine Verteilung von annähernd

14

- 60 Prozent verwaltende Tätigkeiten und
- 40 Prozent gestaltende Tätigkeiten.

Diese Erhebungen machen deutlich, daß ein sehr hoher Anteil der vorhandenen Kapazität im Einkauf sich mit Tätigkeiten abgeben muß, die sich auf die Preisgestaltung und auf das Kostenniveau des Materialeinsatzes kaum auswirken.

Der Wunsch nach einer höheren Qualifikation der Mitarbeiter setzt voraus, daß diese Mitarbeiter auch tatsächlich mit höher qualifizierten Tätigkeiten beschäftigt werden. Der Marktbeobachtung und der Marktanalyse – mit dem Ziel neue Wege, neue Märkte und neue Produkte für die Verbesserung der eigenen Bedarfsdeckung zu finden – muß mehr Bedeutung beigemessen werden. Auch die systematische Pflege des Lieferantenkreises verdient im Zeichen der Strukturveränderungen des eigenen Produktspektrums eine wesentlich höhere Beachtung. Das gleiche gilt für die Planung und die Durchführung von Kostensenkungsmaßnahmen, die Planung und Überwachung der Preisentwicklung im Rahmen der Budgetplanung, die Verbesserung der Effizienz im Einkauf, die Zusammenarbeit im Unternehmen zur Verbesserung der Bedarfsermittlung und der Bestellabwicklung und schließlich der Bestandsbeeinflussung. Die Möglichkeiten des Einkaufs zur Optimierung der Bestände sind vielfältig und erfordern eine intensive Auseinandersetzung mit der Bestandsproblematik. Auf diese Fragen wird in Abschnitt 8 eingegangen.

Ziel der Ausrichtung im Einkauf muß es sein, den Anteil der gestaltenden Tätigkeiten zu erhöhen. Damit sollen die Grundlagen für die Anpassung der Einkaufsaktivitäten an die gestiegenen Anforderungen gegenüber dem Management in der Materialwirtschaft geschaffen werden.

2. Die veränderte Gewichtung des Materials in der Kostenstruktur

Veränderungen bei der Lieferantenbeurteilung

Die Auswahl eines bestimmten Lieferanten für die Belieferung bei einem konkreten Bedarfsvorgang setzt eine genaue Beobachtung des Marktes und eine Analyse der Bewertungskriterien für die Auswahl unter mehreren Anbietern voraus. Lange Zeit – und für viele Unternehmen auch heute noch – wird dem Angebotspreis und dem Vergleich der Preise unter verschiedenen Wettbewerbern die entscheidende Bedeutung beigemessen. Das Ziel des Einkäufers ist es in den meisten Fällen, durch eine geschickte Verhandlungsführung die Möglichkeiten zu Preiszugeständnissen über die bereits gebotenen Nachlässe hinaus zu ermitteln und dem Lieferanten mit dem niedrigsten Angebotspreis den Zuschlag zu geben.

In der Bewertungsskala der Leistungsfähigkeit des eigenen Lieferantenkreises stand daher in der Regel die Preisgestaltung an oberster Stelle. Für bestimmte Materialpositionen mit einem vergleichbaren Qualitätsstandard entspricht diese Lieferantenbeurteilung auch heute noch zu Recht der gängigen Praxis.

Im Zusammenhang mit der technologischen Strukturveränderung müssen sich die Bewertungskriterien für die Leistungsfähigkeit der Lieferanten an die veränderte Umwelt anpassen. Zwei wesentliche Gesichtspunkte haben zu einer veränderten Einstellung entscheidend beigetragen. Zum einen hat man erkannt, daß die eigene Produktqualität von einer einwandfreien Anlieferqualität und einer entsprechenden Langzeitqualität der gelieferten Materialpositionen abhängig ist. Zum anderen ist es die Erkenntnis über die Einflüsse auf die Vorratshaltung, die sich aus der Nichteinhaltung von Lieferterminen, aus fehlerhaften Teilen und aus mangelnder Lieferbereitschaft ergeben. Es ist das stärker ausgeprägte Kostenbewußtsein, das die Bewertung des eigenen Lieferantenkreises in bezug auf die Leistungsfähigkeit differenzierter vornehmen läßt. Ein Kostenbewußtsein, das nicht nur den Einfluß der Einkaufspreise auf die Kosten des Materialeinsatzes berücksichtigt.

Es gibt eine Vielzahl von Unternehmen, die sich eine eigene Bewertungsskala für die Beurteilung der Lieferanten geschaffen haben und jede neue Erkenntnis in diese Datei einspeichern. Die Bewertungskriterien decken sich nicht in allen Fällen und werden auch von der Materialstruktur des eigenen Bedarfs mitbestimmt. Doch im wesentlichen werden die in Tabelle 5 aufgezeigten Bewertungskriterien bei der Beurteilung der Lieferanten berücksichtigt.

In der Bewertungsskala steht die Qualität der Erzeugnisse in der Regel an oberster Stelle. Dabei spielen zwei Qualitätsgesichtspunkte eine gleichbedeutende Rolle. Die Anlieferqualität der Materialpositionen entscheidet über die Einsatzfähigkeit in der eigenen Fertigung und bestimmt die Höhe der eigenen Qualitätskosten. Ausfälle in der Fertigung infolge mangelhafter Anlieferqualität verursachen Fertigungsausfälle und beeinflussen die Vorratshaltung. Mängel in der Langzeitqualität führen zu Rück-

Qualität
- Anlieferqualität
- Langzeitqualität

Preis
- Preisniveau
- Konditionen

Lieferfähigkeit
- Lieferbereitschaft
- Lieferzuverlässigkeit/Termintreue

Flexibilität

Allgemeine Kriterien
- Innovationsfähigkeit
- Bonität
- Möglichkeit zu Gegenschäften

Tab. 5: Kriterien für die Beurteilung der Lieferanten

sendungen und zu unerwünschten Auseinandersetzungen mit den Kunden und den Lieferanten. Die Spitzenstellung der Qualität bei der Beurteilung der Lieferanten hat seine Begründung in dem Kosteneinfluß mangelhafter Anliefer- und Langzeitqualität. Der Aufwand für die Qualitätsüberwachung in modernen Fertigungslinien zwingt zu dem Grundsatz, daß die Qualität nicht erprüft werden kann und der Aufwand für immer neue Prüfvorgänge nicht zu rechtfertigen ist. Die Qualität muß bereits bei der Anlieferung sichergestellt sein, um zusätzliche Aufwendungen für Prüfkosten, Fehlerkosten, Fertigungsausfälle, Bestandseinflüsse durch fehlende Teile, und daher Bestandskosten, zu vermeiden.

Auf die Bedeutung der Aufgabenstellung des Controllers bei der Qualitätssicherung verweist Hedrich (27, S. 24) in seinem Beitrag über „Kostensenkung durch Qualitätssicherung": „Eine Schlüsselstellung in der Qualitätssicherungsarbeit nimmt das klassische Controlling ein mit den Funktionen: Zielsetzung, Planung, Soll-Ist-Vergleich, Abweichungsanalyse, Korrekturmaßnahmen."

Bei der Beurteilung des Preisniveaus spielt sowohl das Niveau der ursprünglichen Angebotspreise als auch das Niveau eine Rolle, auf das der Lieferant bei der Verhandlungsführung endgültig eingeht. Lieferanten, die sich bei jedem neuen Bedarf erst auf das Preisniveau des Wettbewerbs einstimmen lassen, sind anders zu beurteilen als Lieferanten mit einem angemessenen Preisniveau bei der Angebotsabgabe.

Die Möglichkeit, den Lieferanten aufgrund eigener Kalkulationen einen bestimmten Preis vorzugeben und über Jahresabschlüsse diesen Preis zu fixieren, hängt von der Marktstellung des Unternehmens, von einem entsprechenden Bedarfsvolumen und von dem Vorhandensein eines dafür geschulten Mitarbeiterstabes ab. Die so gefundene Preisbasis erfordert eine hohe Qualifikation dieser Mitarbeiter und einen entsprechend hohen Aufwand.

Die von den Lieferanten eingeräumten Konditionen sind Teil der Preisgestaltung. Die Marktstärke des Unternehmens spielt eine entscheidende Rolle, d.h. ob es gelingt, alle Lieferanten auf die gleichen Zahlungs- und Lieferbedingungen festzulegen. Die Zahlungsbedingungen haben in erster Linie etwas mit der Liquidität des Unternehmens und mit der Finanzierung zu tun. Für die Bewertung des Preisniveaus bei der Verhandlung über eine bestimmte Auftragsvergabe sind jedoch die unterschiedlichen Konditionen der Lieferanten bei der Beurteilung der Angebote zu berücksichtigen.

Unter dem Begriff „Lieferfähigkeit" sind die Aussagen über die Lieferbereitschaft und über die Lieferzuverlässigkeit zusammengefaßt. Die Lieferbereitschaft spielt besonders dann eine entscheidende Rolle, wenn durch einen unvorhergesehenen Bedarf zusätzliche Lieferungen benötigt werden. Natürlich kann kein Unternehmen erwarten, daß seine Lieferanten „auf Verdacht" Liefermengen bereithalten, um bei einem zusätzlichen Bedarf sofort lieferfähig zu sein. Die bewertbare Lieferbereitschaft bezieht sich auf die Flexibilität des Lieferanten, außerordentliche Maßnahmen aufgrund außerordentlicher Vorgänge durchzuführen und bei der Überwindung von Engpässen die notwendige Hilfestellung zu geben.

Eine ebenso große Bedeutung und vergleichbare Auswirkungen auf das Kostengefüge wie die Qualität hat die Termintreue des Lieferanten, seine Lieferzuverlässigkeit. Die Vorablieferung einer Bestellung ist dabei ebenso unerwünscht wie die verspätete Anlieferung. Eine Sendung, die mit einer Verzögerung von vierzehn Tagen ausgeliefert wird, kann erhebliche Auswirkungen auf die Vorratshaltung ausüben, wenn von diesem Teil die Fertigstellung einer Baugruppe oder eines Produktes abhängt. Eine Fertigungsunterbrechung bedingt unter Umständen nicht nur eine verzögerte Auslieferung, es ergeben sich erhöhte Bestände an unfertigen Erzeugnissen und entsprechende Kosteneinflüsse. Die Termintreue der Zulieferfirmen ist eine unbedingte Voraussetzung für die Sicherstellung der eigenen Lieferfähigkeit.

Die Flexibilität der Lieferanten entscheidet in kritischen Situationen über die Erhaltung der eigenen Lieferbereitschaft. Dabei bezieht sich die Flexibilität sowohl auf die rasche Anpassungsfähigkeit auf unvermutet auftretende Bedarfsänderungen als auch auf die Fähigkeit, den Strukturveränderungen des Marktes zu folgen.

Ergänzt werden die Kriterien für Qualität, Preisangemessenheit, Lieferfähigkeit und Flexibilität bei der Beurteilung der Lieferanten durch allgemeine Aussagen. Bei diesen Aussagen spielt die Innovationsfähigkeit des Lieferanten eine sehr wichtige Rolle. Die Innovationsfähigkeit garantiert die Erhaltung der Wettbewerbsfähigkeit des eigenen Produktspektrums durch eine ständige Verbesserung und Weiterentwicklung der eingesetzten Zulieferteile. Die Forderung nach der Entwicklung neuer Produkte im eigenen Produktspektrum hat seine Grundlage in der Erfahrung, daß nur Produkte in der Wachstumsphase einen angemessenen Ergebnisbeitrag leisten können. Besonders innovative Unternehmen haben daher die Zielsetzung, daß fünfzig Prozent am Gesamtumsatz auf Produkte entfallen sollen, die nicht älter als fünf Jahre sind. Anregungen zu verbesserten und weiterentwickelten Produkten müssen auch aus dem Lieferantenkreis kommen. Ein interessantes Beispiel hierfür ist der Markt für elektronische Bauelemente. Es gibt namhafte Anbieter, die sich darauf spezialisieren, vorhandene Bausteine anderer Hersteller nachzubauen und, da hohe Entwicklungskosten entfallen, diese Bausteine wesentlich billiger anzubieten. Die innovativen Hersteller investieren einen hohen Entwicklungsaufwand und können entsprechend früher ihre Abnehmer mit höher integrierten Bauteilen bedienen oder mit Bausteinen, deren Speicherfähigkeit eine andere Produktentwicklung bei den Abnehmern möglich macht. Der erzielte Wettbewerbsvorteil durch eine vorgezogene Entwicklung eigener Produkte mit innovativen Herstellern kann den Preisvorteil bei Nachbaufirmen durchaus wettmachen.

Die Innovationsfähigkeit eines Lieferanten muß also – unter bestimmten Bedingungen – bei dem Vergleich von Angebotspreisen Berücksichtigung finden.

Auch die Bonität des Lieferanten spielt bei der Bewertung eine Rolle. Dies ergibt sich aus der Notwendigkeit einer dauerhaften Sicherstellung der eigenen Versorgung. Nicht die Lieferanten mit Sonderpreisen, deren Geschäftspolitik nur noch auf die Erhaltung einer gewissen Liquidität ausgerichtet ist, können diese Versorgungssicherheit auf die Dauer gewährleisten. Es ist für ein Unternehmen sehr schwierig, die tatsächliche Kostenstruktur eines Lieferanten zu beurteilen und zu erkennen, ob die Angebotspreise ausreichend kalkuliert sind oder Notverkäufe um jeden Preis durchgeführt werden. Eine dauerhafte Geschäftsverbindung kann nicht den Substanzverzehr eines Lieferanten zum Ziel haben. Eine ausreichende Bonität eines Lieferanten ist daher eine wichtige Grundlage einer dauerhaften Geschäftsverbindung. Das Einkaufsmarketing muß sich mit der wirtschaftlichen Situation des eigenen Lieferantenkreises auseinandersetzen und die Bonität in der Bewertungsskala berücksichtigen.

Ein mittelständisches Unternehmen mit einer starken Wettbewerbsposition auf einem bestimmten Marktsegment wurde durch den Zusammenbruch des Hauptlieferanten für die A-Position seines Teilebedarfs in erhebliche Schwierigkeiten gebracht, da der Einkauf die Notwendigkeit einer Bonitätsüberwachung nicht erkannt hatte. Gerade Lieferanten mit einem überdurchschnittlich hohen Lieferanteil an das eigene Unternehmen müssen besonders sorgfältig hinsichtlich ihrer finanziellen Leistungsfähigkeit überwacht werden.

Schließlich spielen in allen Verbindungen zum eigenen Lieferantenkreis die Möglichkeiten von Gegengeschäften für die eigenen Produkte eine wichtige Rolle. Es gibt Vertriebsabteilungen, welche die Lieferantendateien systematisch auf die Möglichkeit untersuchen, eigene Geschäftsverbindungen anzuknüpfen oder auszuweiten. Die Erfolge dieser Maßnahmen sind meist begrenzt, denn den Forderungen nach höheren Lieferquoten des Vertriebs stehen häufig Forderungen nach höheren Lieferquoten des Lieferanten und Hinweise auf Marktanteile gegenüber.

Für die Beurteilung des Lieferanten in der Bedeutung für das eigene Unternehmen ist die Möglichkeit von Gegengeschäften besonders dann ein wichtiger Teilaspekt der Bewertungsskala, wenn über diesen Lieferanten der Einstieg in ein neues Geschäftsgebiet gelingt. Besondere Bedeutung hat die Abstimmung der Preispolitik des eigenen Vertriebs und der Beschaffungsstrategie bei dem gleichen Geschäftspartner.

Veränderungen in der Zusammenarbeit mit den Hauptlieferanten

Die technologischen Veränderungen in der Produktstruktur und die größere Bedeutung des Materialeinsatzes für die Kostenstruktur im Unternehmen zwingen zu Überlegungen über das Verhältnis gegenüber den eigenen Lieferanten. Drei Vorgänge im Wirtschaftsablauf sprechen für die Notwendigkeit einer Überprüfung dieses Verhältnisses:

— der Einsatz des Null-Fehler-Programmes,
— die Festlegung von Qualitätsnormen,
— die Wertanalyse für Kaufteile.

Gemeinsam ist diesen drei Vorgängen die Notwendigkeit des kooperativen Vorgehens zur Verbesserung des eigenen Materialeinsatzes.

Das Null-Fehler-Programm geht von der Erkenntnis aus, daß nicht eine fehlerarme, sondern nur eine fehlerfreie Fertigung den optimalen Kosteneinsatz sicherstellt. Dabei werden die Erkenntnisse der Raumfahrt genutzt, die einen fehlerfreien Materialeinsatz und eine fehlerfreie Montage für das Gelingen der Raumflüge voraussetzt. Das Challenger-Unglück hat aller Welt deutlich gemacht, daß die Bemühungen um ein Null-Fehler-Programm zu keinem Zeitpunkt nachlassen dürfen und eine ständige Herausforderung an die Verantwortlichen darstellen.

Für das Gelingen des Null-Fehler-Programmes ist die Einbeziehung der eigenen Lieferanten unbedingt erforderlich. Die Lieferanten müssen Materialpositionen anliefern, die nicht erst durch langwierige und aufwendige Qualitätsprüfungen auf das notwendige Qualitätsniveau gebracht werden. Eine enge Zusammenarbeit mit den Lieferanten ist die Voraussetzung für eine erfolgreiche Abwicklung eines Null-Fehler-Programmes.

Die Qualität der Anlieferpositionen steht auch im Mittelpunkt des zweiten Problemkreises. Der Einsatz der elektronischen Baulemente in den verschiedenen Industriezweigen mit einer sehr breiten Produktpalette und einer Vielzahl von Anbietern ist der Ausgangspunkt für Überlegungen, gemeinsam mit den Hauptlieferanten Qualitätsnormen festzulegen, die als verbindlicher Bestandteil in die Lieferverträge aufgenommen werden. Dabei ergeben sich auch Fragen der Qualitätsüberwachung durch das Unternehmen außerhalb des eigenen Verantwortungsbereiches. Die Qualitätsendprüfung beim Hersteller und die Qualitätseingangsprüfung beim Unternehmen verursachen einen so hohen Zeit- und Kostenaufwand, daß der Einsatz von Qualitätsbeauftragten des Unternehmens beim Hersteller zu einer wesentlich verbesserten und wirtschaftlicheren Abwicklung führen kann. Voraussetzung ist neben der gemeinsamen Festlegung bestimmter Qualitätsnormen eine kooperative Abstimmung des Aufgabengebietes der Qualitätsbeauftragten und eine absolute Bewegungsfreiheit im Rahmen dieser Aufgabengebiete bei der Qualitätsüberwachung in den Räumen des Herstellers. Nur eine genaue Qualitätsprüfung vor Ort an den einzelnen Arbeitsplätzen kann dem Unternehmen die Sicherheit für eine einwandfreie Anlieferqualität der Produkte geben. Daß sich dadurch eine andere Einstellung in dem Verhältnis zu den Hauptlieferanten entwickelt, die dann selbstverständlich auch auf den Einkauf Rückwirkungen hat, ist naheliegend.

Als dritter Vorgang für die Notwendigkeit eines veränderten Verhältnisses zu den eigenen Lieferanten wurde auf die Wertanalyse für Kaufteile verwiesen. Auf diese Form der Wertanalyse wird im Zusammenhang mit der Planung von Kostensenkungsmaßnahmen im Materialbereich (Abschnitt 5) ausführlich eingegangen. An dieser Stelle sei nur auf die grundsätzliche Notwendigkeit verwiesen, für entsprechende Wertanalysen eine enge Zusammenarbeit mit den Lieferanten aufzubauen. Nur mit Hilfe der Lieferanten kann es gelingen, für Einkaufsteile die notwendigen Informationen zusammenzutragen und Alternativen für eine Verbesserung des Preis/Leistungsverhältnisses herbeizuführen. Einen angemessenen Kostenanteil einer bestimmten Matieralposition an den Produktkosten zu finden, gelingt nicht, indem man die Lieferfirma zu möglichst großen Preiszugeständnissen zwingt. Die Verbesserung der Materialkostenproduktivität über Wertanalysen für Kaufteile kann nur in enger Kooperation mit dem Lieferanten erreicht werden.

Deutlich ergibt sich eine veränderte Einstellung zu den Lieferanten aus einer Erhebung der Zeitschrift „Purchase" (3, S. 6), bei der amerikanische Topmanager unter anderem auch zum Einkauf, zur Beschaffungspolitik und zu den Einstellungen zu Lieferanten befragt wurden. Folgende Beispiele werden in dieser Ausarbeitung zitiert: „Wir sehen in unseren Lieferanten wertvolle Partner, die unseren Erfolg sehr stark beeinflussen, und erwarten von ihnen, daß sie genauso hilfreich und auf unsere Bedürfnisse ausgerichtet sind wie wir bei unseren Kunden. Für uns sind die qualitativen Lieferanten jene, die mit ihren Ideen zur Lösung von Verpackungsproblemen, zu Produktänderungen in Richtung niedrigerer Herstellkosten bis zu Vorschlägen über Zeit- und Kosteneinsparungen im Transport- und Lagerbereich beitragen" „Unsere Lieferanten sind jene, mit denen wir technologische Veränderungen und technische Verbesserungsmöglichkeiten besprechen und von denen wir für Innovationen große Hilfe erwarten." „Was immer wir brauchen, werden wir von dem Lieferanten beziehen, bei dem Qualität, Preis, Verläßlichkeit stimmen – egal wo er sich befindet."

3. Die Aufgabe des Controllers im Unternehmen

Zu der Entstehungsgeschichte des Controllers in den Vereinigten Staaten und zur Entwicklung der Controller-Funktion im Unternehmen wird auf die reichhaltige Literatur verwiesen (9, S. 65 ff.). Die Entwicklung in Europa hat sehr viel später eingesetzt, und erst lange nach dem zweiten Weltkrieg konnte sich der Controller-Gedanke auch in den europäischen Unternehmen durchsetzen.

Das breite Literaturangebot über den Controller, seine Aufgaben und seine Einsatzgebiete im Unternehmen steht zum Teil in einem gewissen Gegensatz zu den Erfahrungen in der Wirtschaft selbst. Interessant ist daher eine Analyse der Erfahrungen der Wirtschaft mit dem Controller. Diese Erfahrungen spiegeln sich am deutlichsten in den Stellenangeboten für Controller wider. Dabei interessiert nicht nur die Feststellung, wie groß das Angebot für Controller-Stellen ist und wie es sich in den letzten Jahren entwickelt hat. Wichtig ist die Feststellung, welche Stellenbeschreibungen sich aus den Stellenangeboten ableiten lassen, welche konkreten Aufgaben dem Controller zugewiesen werden.

In einer Arbeit von Bramsemann (12, S. 20 ff.) aus dem Jahre 1977 wurden die Stellenangebote einer überregionalen Tageszeitung in den Jahren 1974/75 ausgewertet und die Erwartungen der Stellenausschreibenden hinsichtlich der Vorbildung, der Ausbildung, der Altersstruktur des angesprochenen Personenkreises, der notwendigen Fähigkeiten und – als ein ganz wichtiger Gesichtspunkt – der Arbeitsgebiete erfaßt, in denen der Controller tätig sein soll.

Eine vergleichbare Auswertung von Stellenangeboten wurde 1984 (9, S. 17 ff.) durchgeführt und für eine zweite Auflage im Jahre 1985 überarbeitet. Aus dem Vergleich dieser Erhebungen zeigt sich deutlich ein ständig steigendes Interesse an dem Einsatz des Controllers. Es zeigt sich darüber hinaus eine Weiterentwicklung und zunehmende Übereinstimmung der Stellenausschreibenden in der Definition der Arbeitsgebiete für den Controller.

Mit einem eindeutigen Schwerpunkt, gemessen an der Gesamtzahl der Stellenangebote, zählen drei Aufgabengebiete heute zu den Themenkreisen, mit denen der Controller identifiziert wird. Es sind die Arbeitsgebiete

- Planung,
- Analyse und
- Berichterstattung.

Von dem Controller wird in großer Übereinstimmung erwartet, daß er das Rüstzeug zur Bewältigung dieser Aufgaben mitbringt. Deshalb werden an seine Vorbildung und an seine Ausbildung sehr hohe Ansprüche gestellt. Daß er darüber hinaus auch mindestens eine Fremdsprache beherrschen sollte, liegt in der Tatsache begründet, daß der Controller in Tochtergesellschaften ausländischer Konzerne in der Lage sein muß, intensive Kontakte zu pflegen oder als Controller in deutschen Unternehmen Tochtergesellschaften im Ausland zu betreuen hat.

Die Teilfunktionen des Controlling

Die drei wesentlichen Aufgabengebiete des Controllers erfordern ein hohes Maß an analytischem Denkvermögen, an Bereitschaft zu kooperativer Zusammenarbeit und die Fähigkeit zur Führung sowie zur kreativen Gestaltung seines eigenen Aufgabengebietes.

Der Controller als der zweite Mann in einer Führungsmannschaft arbeitet mit dem verantwortlichen Manager des Unternehmens oder der Unternehmenseinheit eng zusammen. Er setzt nicht die Ziele, er bindet aber die Zielsetzungen in die Zielvorgaben der strategischen Planung und die endgültigen Zielfestlegungen in die operative Planung ein.

Die strategische Mittel- und Langfristplanung stellt die Weichen für die weit in die Zukunft reichenden Perspektiven der Geschäftspolitik, für Produktentwicklungen und Investitionsentscheidungen. Das Budget, als kurz- oder mittelfristige Planung, definiert die Ziele so klar, daß die Zielabweichungen zum Führungsinstrument im Unternehmen werden.

Die Zielvorgaben und die Zielfestlegungen in der Planung erfordern eine intensive analytische Vorbereitung. Marktanalysen, Produktanalysen, Abweichungsanalysen, Analysen zur Festschreibung der Kostensenkungsmaßnahmen und der Kostenverteuerungen sowie Analysen zum Mengen- und Werteeinsatz sind Teilgebiete der analytischen Komponente des Controllers.

Die Berichterstattungskomponente schließlich rundet den Controllerbereich hinsichtlich seiner Aufgabenstellung ab. Es ist die Aufgabe des Controllers, mit einem möglichst zeitnahen und auf die wesentlichen Aussagen reduzierten Management-Informationssystem den erreichten Status sowie die aufgelaufenen Abweichungen von den vorgegebenen Zielsetzungen darzustellen und zu erläutern. Zu den Aufgaben des Controllers in der Berichterstattung gehört es auch, die möglichen Auswirkungen vorhandener Abweichungen auf das Ergebnis zum Jahresende aufzuzeigen.

Den Zusammenhang der verschiedenen Komponenten des Aufgabengebietes des Controllers untereinander und mit den Plan- und Istzahlen zeigt Abbildung 1. Die drei Komponenten der Controller-Aufgabe, die Planungs-, die analytische und die Informationsfunktion, stehen in einem direkten Bezug zueinander. Deutlich geht aus dieser Abbildung hervor, daß der Controller sich mit den Planzahlen und mit den Istzahlen auseinanderzusetzen hat. Die Gewinnung der Planzahlen, die Analyse der Plan- und Istzahlen sowie die Berichterstattung über diese Zahlen bilden ein geschlossenes Aufgabengebiet.

Die Controlling-Aufgaben in den Teilbereichen

Einsatzgebiete für den Controller gibt es nicht nur für das Unternehmen als Ganzes, sondern auch für einzelne Teilbereiche wie den Vertriebs- oder Entwicklungsbereich, für einzelne Unternehmenseinheiten, wie Geschäftsbereiche, Produktgruppen oder Produktlinien und selbstverständlich auch für den Materialbereich. Hier hat sich der Controller unter anderem auf dem Sektor des Bestände-Controlling einen

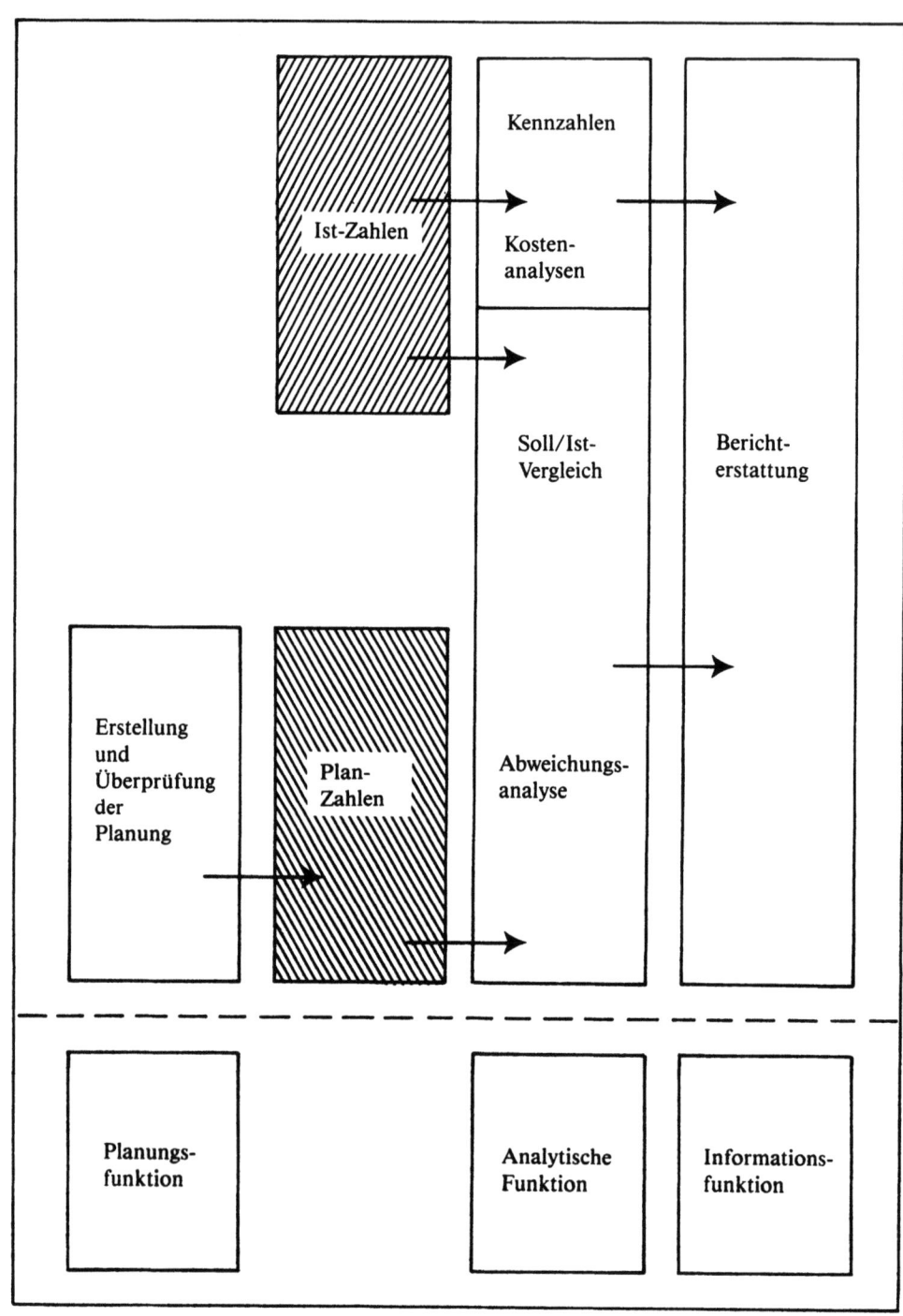

Abb. 1: Die Teilfunktionen des Controlling

festen Platz im Unternehmen gesichert. Daß der Controller auch auf dem Sektor der Beschaffung einen wesentlichen Beitrag zur Verbesserung der Produktivität leisten kann, ergibt sich aus der Bedeutung des Materialeinsatzes für das Unternehmen und aus der Aufgabenstellung des Controllers.

4. Controlling im Einkauf

Der Einsatz des Controllers in der Beschaffung ist keineswegs selbstverständlich. Im Gegenteil, es gibt nur wenige Unternehmen, welche die Notwendigkeit erkannt haben, die Verbesserung der Materialkostenproduktivität mit Hilfe der Controller-Funktion zu erreichen.

Zum Teil liegt es an der zu geringen Bedeutung, die in der Vergangenheit dem Einkauf eingeräumt wurde, zum Teil auch an der Tatsache, daß die Einsatzmöglichkeiten des Controlling in diesem Bereich gar nicht erkannt wurden. Eine Erhebung über die Stellung des Einkaufs in einem großen Unternehmen machte nicht nur deutlich, daß – gemessen an der Zahl der Beschäftigten – in der Beschaffung der geringste Anteil an qualifiziertem Personal vertreten war. Mit dieser Erhebung wurde auch deutlich, daß sich offensichtlich die dynamischen und vorwärtsstrebenden Mitarbeiter um eine Beschäftigung im Einkauf nicht bemühen, und daß eine Beförderungsmöglichkeit im Einkauf sehr viel schwieriger zu erreichen ist als in den übrigen Bereichen.

Auf die Unterbewertung des Einkäufers in vielen Unternehmen verweist Poley (41, S. 19) in seinem Beitrag „Der Einkauf beginnt mit der Produktplanung". Er fordert einen Einkäufer, „der nicht bloß Erfüllungsgehilfe der Planung und Disposition ist, der sich nicht nur auf die Wahl des Lieferanten und das Aushandeln der Konditionen beschränkt, sondern aktiv in das Unternehmensgeschehen eingreift und aktiv Maßnahmen zur Kostensenkung einleitet."

Den gravierenden Unterschied der Gehaltsstrukturen im Einkauf gegenüber den Mitarbeitern im Verkauf als Ausdruck dieser Unterbewertung belegt die Gehaltsstrukturuntersuchung der Kienbaum-Unternehmensberatung (3, S. 36ff.). Mitarbeiter auf der Ebene von Hauptabteilungsleitern weisen danach „ein durchschnittliches Jahresgehalt von 124 TDM aus, das regelmäßig im Vertrieb um ca. 13 Prozent überschritten, im Einkauf dagegen um 7 Prozent unterschritten wird".

Wenn eine Abteilung so abgestempelt ist, wie dies beim Einkauf in vielen Unternehmen der Fall zu sein scheint, dann fehlt auch das Engagement für den Einsatz eines Controllers.

Die größere Bedeutung des Materialanteiles und die veränderte Einstellung zu den Materialkosten werden in Zukunft sicherlich den Controller-Gedanken auch in der Materialwirtschaft, insbesondere im Einkauf, die ihm gebührende Geltung verschaffen.

Dem Controlling im Einkauf stehen die gleichen Komponenten zur Verfügung wie dem Controller im allgemeinen. Die Planung, die Analyse und die Berichterstattung müssen so eingesetzt werden, daß

– der Materialeinsatz und
– die Abwicklung im Einkauf selbst

optimiert werden.

Der Einsatz der Planung

Die Planungsaufgabe des Controllers im Rahmen der Beschaffung umfaßt die Mengen- und Werteplanung. Die Mengenplanung für den Materialeinsatz baut auf der Vertriebsplanung auf. Bei der Mengenplanung des Materialeinsatzes ist sowohl das geplante Umsatzvolumen als auch die geplante Umsatzstruktur zu berücksichtigen. Bei den Strukturveränderungen in der eigenen Produktpalette muß unter Umständen ein erheblicher Aufwand in die Ermittlung des geplanten Materialeinsatzes investiert werden. Mit HIlfe eines Datenverarbeitungsprogrammes können an Hand der nach Kostengruppen aufgelösten Stücklisten brauchbare Daten gewonnen werden.

Bei der Werteplanung geht es nicht nur um die Planung des zu erwartenden Preisniveaus für den Materialeinsatz. Die Planung der Kostenverteuerungen und die Planung konkreter Kostensenkungsmaßnahmen führen in der Saldierung zur Planung der Materialkostenproduktivität. Die Verbesserung der Materialkostenproduktivität von Jahr zu Jahr ist ein wesentlicher Teilbereich der Bemühungen um die Erhöhung der Gesamtproduktivität des Unternehmens.

Der Einsatz der Analyse

Die analytische Komponente hat im Einkauf ein breites Spektrum zu behandeln. Die Planung des Materialeinsatzes setzt eine eingehende Analyse der Vertriebsplanung hinsichtlich des dafür notwendigen Materialbedarfs voraus. Diese produktspezifischen Analysen müssen um die marktspezifischen Analysen bezüglich der vorhandenen und möglicher neuer Lieferanten ergänzt werden. Die Analysen im Rahmen des Einkaufs-Marketing erfordern einen laufenden Kontakt mit dem Angebotsmarkt, Materialkenntnisse und Kreativität zur Findung neuer Wege für die Sicherung des Bedarfs.

Neben diesen auf den Markt und auf das Produkt ausgerichteten Analysen sind die auf die Zielerfüllung und die Zielabweichung gerichteten Analysen für den Einkauf von Bedeutung. Die Abweichungen beim Materialeinsatz erfordern intensive Analysen zur Erfassung der mengen- und wertabhängigen Zielverfehlungen.

Der Einsatz der Berichterstattung

Die Informationskomponente hat dem Management nicht nur ein Bild über die mengenmäßige Entwicklung des Materialeinsatzes, die Preisbewegungen und die Ergebnisse der Kostensenkungsaktivitäten zu vermitteln, sondern auch über besondere Entwicklungen auf dem Beschaffungsmarkt laufend zu berichten. Die Berichterstattung im Einkauf darf nicht als eine Aneinanderreihung von Zahlenkolonnen verstanden werden. Die Berichterstattung ist das Instrument, mit dem das Management über einen wichtigen – in vielen Unternehmen über den wichtigsten – Kostenfaktor bei der Leistungserstellung informiert wird.

Es ist eine sekundäre Frage, ob im Einkauf eine eigene Controller-Position aufgebaut werden soll und in welcher hierarchischen Zuordnung eine solche Position in die Unternehmensstruktur eingebaut werden kann. Dies hängt ab vom Beschaffungsvolumen, von der Zahl der im Einkauf beschäftigten Mitarbeiter und vom Organisationsaufbau des Unternehmens. Entscheidend ist das Wissen um die Notwendigkeit, auch im Einkauf Controlling durchzuführen, um mit Hilfe des Controllung die technologischen Veränderungen auch in Zukunft zu beherrschen.

5. Die Planungsfunktion als Controlling-Aufgabe im Einkauf

Die Erstellung eines Budgets als Zielfestlegung für das folgende Geschäftsjahr des Unternehmens oder einer Unternehmenseinheit erfordert die Festschreibung der Umsätze, aller Aktiv- und Passivpositionen der Bilanz und des Kosteneinsatzes. Für den Kosteneinsatz des Materialanteils muß der Einkauf sowohl hinsichtlich der Mengen- als auch hinsichtlich der Werteplanung seinen Beitrag an der Budgeterstellung leisten.

Je höher der Materialeinsatz an den Produktkosten wird, um so mehr beeinflußt die Materialkostenentwicklung die Überlegungen in bezug auf erforderliche Preisanhebungen der eigenen Produktpalette. Der Einkauf beeinflußt mit seinem Wissen über die Preispolitik der Hauptlieferanten und mit seinen Bemühungen um Kostensenkungsaktivitäten beim Materialeinsatz diese Überlegungen in einem erheblichen Umfang. Er hat daher für das Budget seine Teilplanungen so aufzubereiten, daß die Produktlinien diese Unterlagen als Zielfestlegungen in ihre Pläne aufnehmen können.

Die Mengen- und Werteplanung

Bei der Vorschau auf das Einkaufspreisniveau des Planungsabschnittes ist es notwendig, die Entwicklung in dem aufzuzeigenden Planungshorizont aufzulösen nach den verschiedenen Faktoren, die auf diese Entwicklung einwirken. Der Materialeinsatz in der Planung wird von Einflüssen aus der Mengenveränderung und von Einflüssen aus den Werteveränderungen bestimmt. Abbildung 2 macht die Auflösung dieser unterschiedlichen Einflüsse deutlich.

Der erste Schritt im Planungsablauf für den Materialeinsatz besteht in der Erfassung des Materialvolumens aus dem abgelaufenen Jahr zu den in diesem Jahr gültigen Werten (Spalte 1). Im zweiten Schritt wird das erforderliche Materialvolumen für das Planjahr zu Werten des abgelaufenen Geschäftsjahres ermittelt (Spalte 2). Die Mengenveränderung kann auf höheren oder niedrigeren Planvorgaben des Vertriebs, oder auf Veränderungen der Struktur oder des Produktmixes, zurückzuführen sein. Eine Veränderung des Produktmixes wirkt sich auf den Materialeinsatz aus, wenn Produkte stärker wachsen, deren Materialanteil an den Produktkosten entsprechend höher liegt. Eine Erhöhung des geplanten Materialvolumens kann sich aber auch durch eine Veränderung der Produktstruktur ergeben. Auf die Veränderung der Produktstruktur im Zusammenhang mit der technologischen Entwicklung oder aufgrund unternehmerischer Entscheidungen wurde bereits ausführlich hingewiesen. Die Veränderung des Materialanteiles infolge der technologischen Veränderungen ergibt sich in der Regel durch die Entwicklung einer neuen Produktgeneration mit höheren Materialanteilen. Die Planung eines Materialeinsatzes für neu anlaufende Produkte birgt erhebliche Schwierigkeiten sowohl wegen der zeitlichen Bestimmung

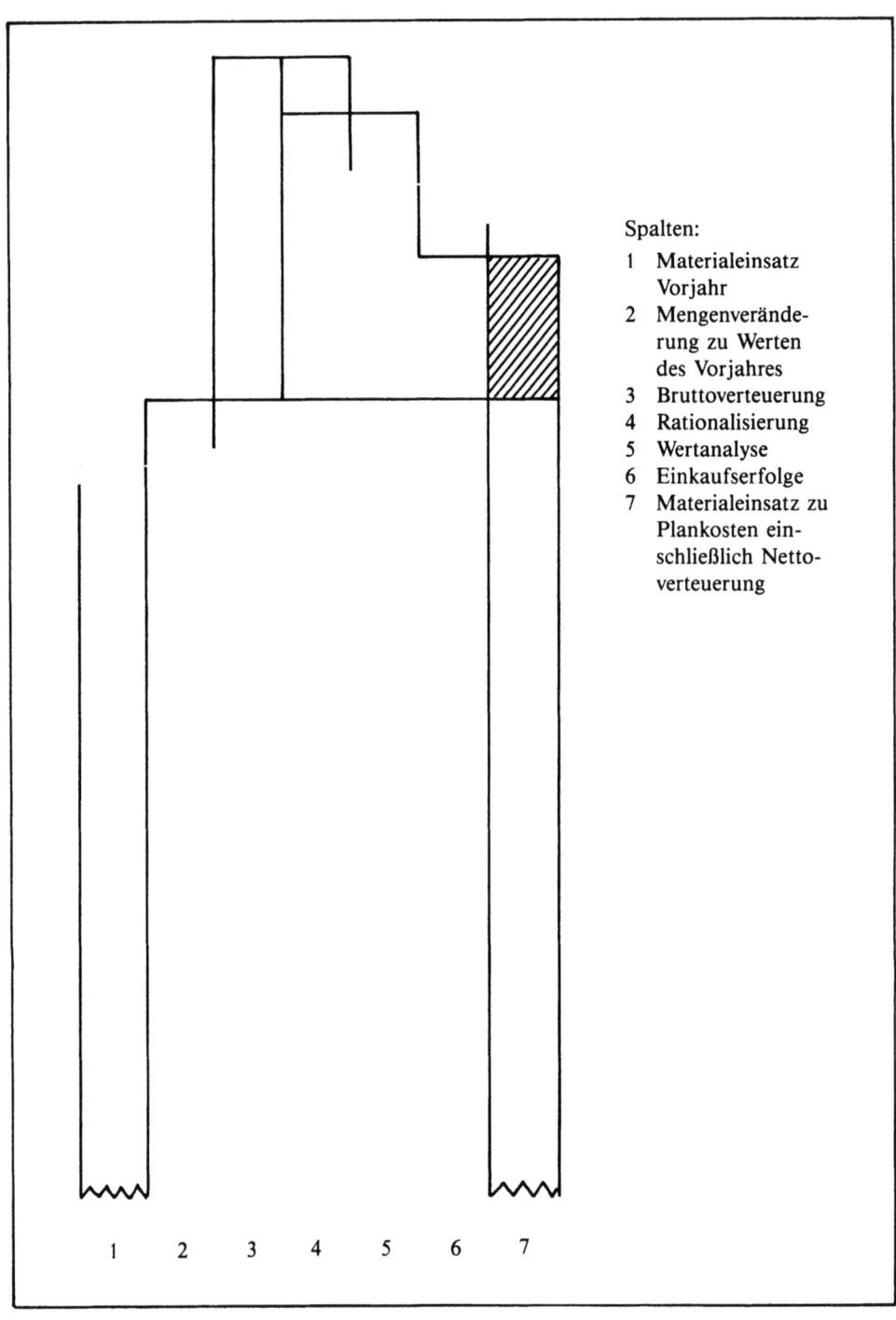

Spalten:

1 Materialeinsatz Vorjahr
2 Mengenveränderung zu Werten des Vorjahres
3 Bruttoverteuerung
4 Rationalisierung
5 Wertanalyse
6 Einkaufserfolge
7 Materialeinsatz zu Plankosten einschließlich Nettoverteuerung

Abb. 2: Die Mengen- und Werteplanung des Materialeinsatzes

dieses Anlaufes als auch wegen der genauen Erfassung der endgültigen Produkt-struktur.

In Abbildung 2 ist eine Volumensteigerung im Planjahr gegenüber dem Material-volumen im abgelaufenen Geschäftsjahr dargestellt. Selbstverständlich kann sich auch eine Volumenminderung für das geplante Materialvolumen ergeben.

Nach der Festlegung des Materialvolumens zu den Werten des abgelaufenen Jahres – dies ist die Mengenplanung – erfolgt in mehreren Teilschritten die Werteplanung. In der Abbildung sind diese Schritte in den Spalten 3 bis 7 aufgezeigt. Zunächst wird das Materialvolumen um die erwartete Bruttoverteuerung auf ein neues Wertvolumen (Spalte 3) hochgerechnet. Die Basis dieser Hochrechnung sind Analysen des Beschaf-fungsmarktes und die aus Einzelgesprächen mit den Lieferanten gewonnenen Erkenntnisse über wahrscheinliche Veränderungen der Zulieferpreise. Die Spalten 4 bis 6 beinhalten die Zielvorgaben für die Kostensenkungsaktivitäten auf dem Mate-rialsektor. Diese Zielvorgaben resultieren nicht nur aus Hochrechnungen von erreich-ten Kostensenkungsmaßnahmen im zurückliegenden Geschäftsjahr auf das Planjahr. Nach Möglichkeit sollten konkrete Vorstellungen über mögliche Kostensenkungsvor-gänge in die Planung eingebracht werden. Auch bei Vorliegen einer Reihe von geplan-ten Kostensenkungsmaßnahmen für das Planjahr bleibt ein Rest als Zielfestlegung in einer pauschalen Summe.

Die Spalte 7 schließlich ergibt sich als Saldo aus sämtlichen Wertveränderungen. Aus der Gegenrechnung der Kostensenkungsmaßnahmen gegenüber den erwarteten Bruttoverteuerungen auf der Grundlage des geplanten Volumens entsteht die Netto-verteuerung, die in die Planung des Materialeinsatzes eingeht.

Die Planung der Brutto-Verteuerung

Die Ermittlung der in Abbildung 2 als Spalte 3 aufgezeigten Brutto-Verteuerung setzt eine genaue Marktbeobachtung und eine Bewertung der volkswirtschaftlichen Daten voraus. Je nach der Beschaffungsstruktur im konkreten Einzelfall müssen in die Planung

– weltwirtschaftliche Daten,
– volkswirtschaftliche Daten und
– branchenspezifische Daten

eingehen. Im Zusammenhang mit der analytischen Controlling-Funktion werden die für eine Beurteilung der Preisentwicklung notwendigen Analysen ausführlich bespro-chen (siehe Seite 55 ff.).

Nicht jedes Unternehmen kann sich eine eigene volkswirtschaftliche Abteilung lei-sten, welche die Daten zusammenträgt, die auf das Preisniveau des Planjahres voraus-sichtlich einwirken werden. Gibt es keine solche Abteilung, so ist es der Einkauf, der sich einer systematischen Erfassung und Sammlung notwendiger Eckdaten anzuneh-men hat.

Bei der Bewertung der Lieferanten-Aussagen über zu erwartende Verteuerungen im Planjahr ergeben sich häufig Fehleinschätzungen. Dies hängt mit dem Umstand

zusammen, daß diese Vorabaussagen der Lieferanten einen Teil ihrer Preispolitik darstellen. Erst bei der endgültigen Verhandlung über den Jahresbedarf des Folgejahres
oder bei der Verhandlung über einen konkreten Bedarfsfall ergibt sich die tatsächliche
Bruttoverteuerung als Resultat aus der Preisidee des Lieferanten, den Wettbewerbsan-
geboten anderer Lieferfirmen, der Verhandlungsführung des Einkaufs und der
Marktstellung des Unternehmens. Diese Einflüsse müssen vom Einkauf bei der Planung der Bruttoverteuerung eingebracht werden.

Die vorläufige Preisvorstellung der Lieferanten wird schon frühzeitig – zum Zeitpunkt der Budgeterstellung – abgefragt. Die dabei gewonnenen Erkenntnisse und
die endgültige Bruttopreisverteuerung weichen in der Regel auch deshalb voneinan-
der ab, weil für die Preispolitik der Lieferanten der endgültige Abschluß der Tarifver-
einbarungen einen wesentlichen Bestandteil bildet.

Die Planung der Bruttopreisverteuerung erfolgt nach Materialgruppen. Die Verteuerungen der einzelnen Materialgruppen sind nach ihrer Bedeutung im geplanten
Materialvolumen des kommenden Jahres zu gewichten.

Neben der Abstimmung der Materialpreisentwicklung mit den Lieferanten und den
eigenen Erhebungen über die weltwirtschaftlichen, die volkswirtschaftlichen und die
branchenspezifischen Daten ist die Abstimmung der Verteuerung innerhalb des eigenen Unternehmens eine wertvolle Unterstützung. Bei einem vergleichbaren Produktspektrum ist der Abgleich der Planungen von zwei oder mehr Einkaufsabteilungen
eine Hilfe für das Management. Umstritten ist die Frage, inwieweit einem Zentralein-
kauf bei dem Vorhandensein mehrerer Einkaufsabteilungen eine Kompetenz für die
Festlegung der Brutto-Verteuerungen eingeräumt werden soll. Die Sachkompetenz
der verantwortlichen Einkäufer in den jeweiligen Einkaufsabteilungen wird dadurch
eingeschränkt und die Verantwortung für die Abweichungen im Laufe des Planjahres
an eine Zentralstelle delegiert. Auf der anderen Seite ergibt sich für alle Teile des
Unternehmens mit der zentralen Bestimmung der Bruttopreisverteuerung eine vergleichbare Betrachtungsweise in der Berichterstattung und in der Abweichungsanalyse.

Die Planung der Kostensenkungsaktivitäten

Kostensenkungen sind das operative Regulativ des Managements zur Erhaltung
der Wettbewerbsfähigkeit des Unternehmens und zur Sicherung seines Fortbestandes.
Der härter gewordene Wettbewerb und die in vielen Unternehmen zu gering ausgewiesene Eigenkapitaldecke zwingen zu einer laufenden und exakten Beobachtung der
Kostenentwicklung. Rechtzeitig eingeleitete Maßnahmen versprechen wesentlich bessere Erfolgschancen als einmalige Sonderaktionen, die meist einen sehr hohen Aufwand verursachen und nur kurzfristige Erfolge bringen.

Es gelingt unter den gegebenen Wettbewerbsverhältnissen der meisten Wirtschafts-
zweige nur noch in Ausnahmefällen, die auf das Unternehmen zukommenden
Kostensteigerungen einfach auf die Verkaufspreise abzuschieben, ohne durch eigene
Bemühungen einen Ausgleich durch Kostensenkungsaktivitäten herbeizuführen.
Wenn der Preis, der sich am freien Markt im Schnittpunkt von Angebot und Nach-

frage bildet, durch die Preispolitik des Anbieters nicht mehr zu seinen Gunsten verändert werden kann, muß der Ausgleich auf der Kostenseite gefunden werden. Kostenminimierungen ebnen den Weg zu einer Gewinnoptimierung.

Die Bemühungen um Kostensenkungen müssen nicht nur auf den Marktsegmenten der konventionellen Technik intensiv betrieben werden. Auch auf den Gebieten der modernen Technik bedingen starke Ausschläge der Marktveränderungen eine laufende Überwachung des Kostenniveaus. Ein Beispiel für extreme Schwankungen von Angebot und Nachfrage ist der Markt für elektronische Bauelemente. Diese Veränderungen beeinflussen das Ergebnis erheblich und zwingen daher zu einem intensiven Kostenmanagement. Beim Bauelementemarkt handelt es sich um einen sehr innovativen Markt, der jedoch einem ausgeprägten Nachfragezyklus unterworfen ist. Im Verlauf der letzten zehn Jahre mußten die Bauelementehersteller in Abständen von etwa drei bis vier Jahren die Wechselbäder von Verkäufermarkt zu Käufermarkt – und umgekehrt – überstehen. Zeiten mit einem Umsatzanstieg, der von den Lieferanten nur durch eine wesentliche Erhöhung der Lieferzeiten bewältigt werden konnte, folgten Zeiten, in denen Überkapazitäten auf das Preisniveau einen zum Teil ruinösen Einfluß ausübten. Sicherlich sind die starken Ausschläge der Marktentwicklung auch auf unternehmerische Fehlentscheidungen der Bauelementehersteller zurückzuführen. Kapazitäten wurden noch aufgebaut, als die Nachfrage schon lange umgeschlagen war. Und das Angebot wurde aus Mangel an Vertrauen in die weitere Entwicklung der Nachfrage noch klein gehalten, als die Bedarfszunahme hätte erkannt werden müssen. Als im Frühjahr 1983 der große Bedarf durch die Entwicklung der Microcomputer zunächst in den USA und später weltweit eingesetzt hatte, waren die Anbieter noch voll auf Baisse eingestimmt.

Gerade in einem solch sensiblen Markt sind Kostendenken und gezielte Kostenbeeinflussung eine dauernde Notwendigkeit und dürfen nicht erst in Zeiten eines schrumpfenden Marktes einsetzen.

Kostensenkungsmaßnahmen auf dem Materialsektor umfassen folgende Einzelaktivitäten:

— die Rationalisierung des Materialeinsatzes,
— die Wertanalyse für Eigenfertigungsteile,
— die Wertanalyse für Kaufteile und
— die Einkaufserfolge.

Die Initiativen für die Aktivitäten in bezug auf die Rationalisierung und die Wertanalyse für Eigenfertigungsteile müssen vom Einkauf unterstützt werden; die Initiativen gehen in der Regel von anderen Bereichen aus. Wenn beispielsweise durch die Optimierung der Materialausbeute in der Fertigung oder durch die Festlegung von Qualitätsnormen mit den Lieferanten eine Verringerung des Ausschusses erreicht werden kann, ergeben sich Kostensenkungen des Materialeinsatzes. Der Anstoß kommt in dem einen Fall aus der Fertigung, in dem zweiten Fall aus dem Qualitätsbereich. Selbstverständlich können Rationalisierungsanregungen auch vom Einkauf selbst kommen. Ein Beispiel dafür war der Vorschlag des Einkaufes, aufgrund eines sehr hohen Verpackungsaufwandes eine Einzelverpackung beim Versand eines bestimmten Produktes auf eine Mehrfachverpackung umzustellen und damit eine

Kostensenkung beim Verpackungsvorgang und eine Senkung bei den Kosten für das Verpackungsmaterial zu erreichen.

Bei der Aufgabenstellung für die Wertanalyse eines Eigenfertigungsteiles muß der Einkauf seine Markterfahrungen und Produktkenntnisse einbringen, um zum Gelingen der wertanalytischen Aufgabe beizutragen. Die Impulse zur Aufgabenstellung werden auch in dieser Gruppe der Kostensenkungsmaßnahmen von der fertigungstechnischen Seite oder von den Beauftragten für Wertanalysen ausgehen.

Bei den Wertanalysen für Kaufteile, für Teile also, die von einem Lieferanten bezogen werden, kommen die entscheidenden Anregungen vom Einkauf, zum Teil auch von den Lieferfirmen.

Die Wertanalyse für Kaufteile basiert bei der Abwicklung auf den gleichen Grundlagen wie die Wertanalyse für Eigenfertigungsteile. Die Durchführung erfolgt unter den gleichen organisatorischen Bedingungen und in den gleichen Teilschritten. Die DIN-Norm 69910 (52) beschreibt die in der Wertanalyse verwendeten Begriffe und zeigt das Vorgehen bei der Abwicklung eines Wertanalyse-Projektes auf. Die grundsätzliche Fragestellung bei der Wertanalyse lautet:

„Entspricht der Kosteneinsatz für das entsprechende Produkt den für dieses Produkt zu erlösenden Preisen?“

Die Waagschalen zwischen dem Kosteneinsatz und den Erlösen für ein bestimmtes Produkt sollen sich gegenseitig entsprechen. Der am Markt erlöste Preis ist die Ausgangsgrundlage für die wertanalytische Untersuchung, und auf diesen Preis muß das Kostengefüge ausgerichtet werden. Zu überprüfen ist die Angemessenheit der Produktkosten in Relation zur Funktion dieses Produktes.

Die DIN-Norm 69910 definiert die Ziele der Wertanalyse in folgenden drei Punkten:

- Produktivitätssteigerung,
- Nutzensteigerung (für Hersteller, Anwender, Allgemeinheit),
- Qualitätsverbesserung.

Für die Abwicklung eines Projektes sind acht Grundschritte, und innerhalb dieser Grundschritte zwei bis vier Teilschritte, vorgesehen. Grundschritt 1 setzt sich mit den vorbereitenden Maßnahmen auseinander. Dazu gehört die Auswahl des Wertanalyse-Objektes und die Festlegung der Aufgabe, die Quantifizierung des Zieles und das Bilden einer Arbeitsgruppe. Aus der Beschreibung dieses ersten Grundschrittes wird bereits deutlich, daß die Aufgabenstellung der Wertanalyse nicht der Auftrag für einen bestimmten Mitarbeiter ist, sondern daß die Wertanalyse nur von einem Team, einer Arbeitsgruppe, gelöst werden kann. In diesem Team soll das Fachwissen aus mehreren Verantwortungsbereichen zusammengeführt werden, um möglichst rasch in der Diskussion dieser unterschiedlichen Wissensträger zu brauchbaren Lösungsvorschlägen zu kommen. In dieser Arbeitsgruppe arbeiten die Teammitglieder gleichberechtigt zusammen. Jeder Lösungsvorschlag eines Mitarbeiters aus der Arbeitsgruppe muß aufgegriffen und diskutiert werden. Häufig sind bei Wertanalyseprojekten schon Vorschläge vorgetragen worden, die zunächst völlig abwegig erschienen und schließlich einen entscheidenden Beitrag zur Lösung der Aufgabenstellung gebracht haben.

Doch vor der Zusammenführung möglicher Lösungsvorschläge erfolgt in einem zweiten Grundschritt die Ermittlung des Ist-Zustandes. Dieser Grundschritt besteht aus den Teilschritten: Informationen beschaffen und das Objekt beschreiben, Funktionen beschreiben und Funktionskosten ermitteln. Aus diesen Teilschritten wird erkennbar, daß technische und betriebswirtschaftliche Fragestellungen im Team gleichrangig behandelt werden, und daher beide Bereiche Mitarbeiter in das Team entsenden müssen.

Im Grundschritt 3 werden die bisher gewonnenen Aussagen überprüft. Die Teilschritte beziehen sich auf die Prüfung der Funktionserfüllung und die Prüfung der ermittelten Kosten. Bei der Abwicklung dieses Schrittes wird die Frage gestellt, ob die bisher gewählte Gestaltung des Objektes und die dafür aufgewendeten Kosten zur Funktionserfüllung auch tatsächlich notwendig sind. Das Ergebnis ist die Festlegung der Soll-Funktionen.

Der Grundschritt 4 sieht die Sammlung aller für die Problemlösung brauchbaren Lösungsansätze vor. Die Lösungsvorschläge werden gesammelt und Lösungen vermittelt.

Mit der Prüfung der Lösungen setzt sich der Grundschritt 5 auseinander. Im einzelnen werden bei den Teilschritten die sachliche Durchführbarkeit und die Prüfung der Wirtschaftlichkeit dieser Lösungsansätze vorgenommen.

Der Grundschritt 6 schließlich stellt den Abschluß des Projektauftrages dar. Aus den vorgelegten Lösungsvorschlägen ist in Teilschritten eine endgültige Auswahl zu treffen. Unter Umständen sind auch verschiedene Lösungsansätze zu bewerten und in bezug auf die Kosten, auf das Ergebnis und auf den Zeitaufwand gegenüberzustellen. Das Team hat in einem weiteren Teilschritt eine der ausgearbeiteten Lösungen zu empfehlen. Im letzten Teilschritt hat sich das Team mit der Verwirklichung der vorgeschlagenen Lösung auseinanderzusetzen.

Die Arbeit des Wertanalyseteams wird begleitet von einem Entscheidungsausschuß, dem das Team Zwischenergebnisse seiner Arbeit und zum Abschluß das endgültige Ergebnis vorzutragen hat. Bei besonders wichtigen und aufwendigen Wertanalyse-Projekten wird unter Umständen auch ein Beratungsausschuß beigegeben, der bei Bedarf sein Spezialwissen und seine Fachkenntnisse dem Wertanalyseteam zur Verfügung stellt.

Der Entscheidungausschuß stellt bei der Präsentation der Zwischenergebnisse durch das Wertanalyseteam die Weichen für die Fortsetzung der Teamarbeit und entscheidet über die Annahme oder die Nichtannahme der vom Team vorgeschlagenen Lösung.

Wertanalysen für Kaufteile werden — wie schon ausgeführt — nach den gleichen Grundsätzen und Methoden durchgeführt. Die Besonderheit liegt nur darin, daß an der Lösung des Projektes Vertreter von zwei Firmen beteiligt sein müssen. Eine Wertanalyse für ein Kaufteil eines bestimmten Lieferanten kann mit Erfolg nur durchgeführt werden, wenn dieser die Aufgabenstellung akzeptiert und sein Fachwissen, seine Lieferantenverbindungen, seine Kostensituation und die von ihm in der Fertigung verwendete Technologie in das Team einbringt. Die Zusammenarbeit in einem Wertanalyse-Team im Zusammenhang mit einer Wertanalyse für ein Kaufteil setzt das Interesse beider Firmen am Gelingen dieser Aufgabe voraus. Für den Lieferanten muß erkennbar sein, daß gerade das zur Diskussion stehende Teil einen wesentlichen Einfluß auf die Kalkulation des Unternehmens hat und nur durch eine Kostensenkung das Umsatzvolumen aufrechterhalten werden kann. Für die Lieferfirma muß außerdem ein Interesse an der weiteren Belieferung des Unternehmens bestehen. Die Kooperationsbereitschaft der beiden Firmen wird um so größer sein, je besser sich die Interessenlage von Lieferwunsch und Aufnahmebereitschaft decken.

Die Initiierung von Wertanalyse-Projekten mit Lieferanten wird in der Praxis durch den Einkauf über verschiedene Wege versucht. In einem Beitrag „Einkäufer holen Ideen ins Unternehmen" (47, S. 24, 25) wird sowohl auf Marketing und Produktanalyse, als auch auf direkte Hinweise von Lieferanten und auf Fragebogenaktionen verwiesen. Die Gestaltung eines solchen Fragebogens (47, S. 25) ergibt sich aus Abbildung 3.

Zurück an: ....

Bezeichnung: ....

Teile-Nummer: ....

Funktion: ....

1. Lassen sich die wesentlichen Funktionen auch mit anderen, kostengünstigeren Materialen/Teilen erfüllen?
   Vorschlag: ....
2. Kennen Sie ein DIN-/Normteil, das für unseren Bedarf in Frage kommen könnte und das die Kosten senkt?
   Vorschlag: ....
3. Kennen Sie ein Substitutionsmaterial, das die Kosten senkt?
   Vorschlag: ....
4. Sind Sie der Auffassung, daß Sie durch geringfügige Zeichnungsänderungen und Änderungen der Bestellvorschriften wesentlich wirtschaftlicher fertigen könnten?
   Vorschlag: ....
5. Würden Sie eine Änderung der Oberflächenbehandlung empfehlen, die die Kosten senkt?
   Vorschlag: ....
6. Können Sie Vorschläge zur Senkung der Verpackungs- und Transportkosten machen? Welches wäre nach Ihrer Meinung für diese Ware der günstigste Transportweg?
   Vorschlag: ....
7. Können Sie zu einem wesentlich günstigeren Preis anbieten, wenn wir eine andere Menge abnehmen? Welches wäre für Sie die wirtschaftlichste Losgröße?
   Vorschlag: ....

Abb. 3: Fragebogen zur Wertanalyse

In dem Beitrag „Wertanalyse für Kaufteile, ein Kostensenkungsinstrument im Einkauf" (11, S. 45) wird folgende Abwicklung einer Wertanalyse mit einem Lieferanten aufgezeigt:

36

„Eine Zulieferfirma hatte einen Auftrag über 6000 Stück einer Baugruppe pro Jahr erhalten. Für das Unternehmen war diese Baugruppe, bezogen auf den Wert des Endproduktes, die A-Position in dem Gerät, das europaweit vertrieben wurde. Der Markt, auf dem das Produkt angeboten wurde, war sehr stark umkämpft. Das Unternehmen war daher gezwungen, den Marktpreis sehr knapp zu kalkulieren. Die Qualitätsansprüche an das Endprodukt, daher auch an die Baugruppe, waren besonders hoch. Die Lieferungen des ersten Jahres erfolgten auf der Grundlage eines Abschlusses über die gesamte Jahresmenge. Bei den Verhandlungen über den Rahmenabschluß für das Folgejahr mußte der Lieferant bekennen, daß er mit seiner eigenen Kalkulation nicht zurechtkommt und aufgrund der hohen Qualitätsansprüche eine Preisanhebung von mehr als zehn Prozent vornehmen müsse. Für das Unternehmen hätte diese Preisanhebung einen schweren Rückschlag auf diesem Marktsegment bedeutet.

Die Ausgangssituation für eine Wertanalyse dieses Kaufteiles war gegeben, da der Lieferant auf dieses Liefergeschäft unter gar keinen Umständen verzichten wollte und das Unternehmen selbst mit der Qualität der Produkte und mit den übrigen Bedingungen des Lieferanten voll zufrieden war. Intensive Preisverhandlungen führten zu keinem Ergebnis.

Schließlich wurde die Möglichkeit einer Wertanalyse für diese Baugruppe angesprochen und das Vorgehen, sowie die einzelnen Arbeitsschritte, diskutiert. Die Lieferfirma erklärte sich zur Mitarbeit bereit."

„Von beiden Firmen wurden Mitarbeiter mit dem nötigen Fachwissen bestimmt, die Zielsetzung hinsichtlich des zu erreichenden Kostenniveaus und hinsichtlich der zur Verfügung stehenden Zeit für das Wertanalyse-Team, sowie der Entscheidungsausschuß festgelegt. In die Arbeitsgruppe wurden Fachleute aus der Entwicklung, der Fertigung und der Materialwirtschaft delegiert. In wenigen Wochen wurden drei Vorschläge erarbeitet, die sich hinsichtlich der möglichen Kosteneinsparungen, des notwendigen Zeitaufwandes für die Durchführung und hinsichtlich des Risikos bei der Verwirklichung der Zielerreichung unterschieden. Der Entscheidungsausschuß aus dem Führungsbereich der beiden Firmen ließ sich die Ergebnisse vortragen und entschied sich schließlich zu einer Lösung, die der gestellten Aufgabe sehr nahe kam und in einem Zeitrahmen verwirklicht werden konnte, der den ursprünglichen Vorstellungen entsprach. Das Ergebnis aus dieser Wertanalyse kam beiden Unternehmen zugute. Die Lieferfirma konnte die notwendige Spanne für seine Produkte kalkulieren, und das Unternehmen hatte nicht nur die Preiserhöhung vermeiden können, es wurde sogar eine Preisreduzierung erreicht."

Aus dieser Darstellung ergeben sich folgende wesentlichen Punkte für eine effektive Abwicklung einer Wertanalyse in Zusammenarbeit von Lieferant und Unternehmen:

„1. Übereinstimmung mit der Lieferfirma über die Notwendigkeit zur Durchführung einer Wertanalyse.
2. Bildung eines Arbeitsteams aus facherfahrenen Mitarbeitern beider Firmen.
3. Vorgabe eines Kostenzieles und eines Zeitraumes für die Arbeit des Wertanalyse-Teams.
4. Offenlegung aller Einzelheiten, die für die Preisbildung und die Mengenfestlegung relevant sind.

5. Vertrauensvolle Zusammenarbeit innerhalb der Arbeitsgruppe.
6. Vertrauensvolle Zusammenarbeit auch der verantwortlichen Manager der beiden Firmen, die im Entscheidungsausschuß über die Vorschläge zu entscheiden haben.
7. Angemessene Teilung des Ergebnisses unter den beiden Firmen."

Neben den Kostensenkungsaktivitäten des Einkaufs in bezug auf Wertanalyseprojekte für Kaufteile sind die Einkaufserfolge die entscheidenden Beiträge des Einkaufs zur Verbesserung der Materialkostenproduktivität.

Einkaufserfolge sind Preisreduzierungen, die durch Aktivitäten des Einkaufs erzielt werden. Sie entstehen,

- wenn die zuletzt gezahlten Preise – bei gleichbleibender Qualität und Menge – durch Verhandlungen mit dem seitherigen Lieferanten oder durch Lieferantenwechsel gesenkt werden können,
- wenn über dispositive Maßnahmen des Einkaufs die Preise gesenkt werden können,
- wenn durch Aktivitäten des Einkaufs ein preisgünstigerer – dem Qualitätsstandard entsprechender – Materialeinsatz erreicht werden kann.

Einkaufserfolge sind Teil einer gezielten Beschaffungsstrategie. Sie sind das Resultat aus

- Preisverhandlungen mit vorhandenen Lieferanten,
- Bedarfszusammenfassungen zur Erhöhung des Bestellvolumens,
- Vereinbarungen von Rahmenabschlüssen auf der Basis eines Jahres- oder Mehrmonatsbedarfs,
- Einschaltung von Zweitlieferanten,
- Lieferantenwechsel.

Preisverhandlungen mit Lieferanten, deren Leistungsfähigkeit und deren Lieferfähigkeit bekannt sind, setzt eine genaue Kenntnis des entsprechenden Marktes und der Preise und Bedingungen des Wettbewerbs dieser Lieferanten voraus. Es genügt keinesfalls, mit der Vorstellung einer zu erzielenden Preissenkung von einigen Prozent in die Verhandlung einzusteigen. Die Bewertung des Angebotes setzt ein objektive Beurteilung des Lieferangebotes und der Wettbewerbssituation voraus.

Ein wichtiges Instrument der Einkäufer ist der Einsatz der Erfahrungskurve in der Preisverhandlung. Diese Kurve sagt aus, daß bei einer Verdoppelung einer Menge eine Kostenreduzierung der Fertigungskosten zwischen 15 und 20 Prozent eintritt. Unter den Fertigungskosten versteht man die Herstellkosten abzüglich des Materialanteiles. Die Erfahrungs- oder Lernkurve erfaßt die Verbilligung der Volumensteigerung innerhalb einer Serie infolge der Erfahrungen, die bei der Fertigung dieser Serie gesammelt werden. Im Fertigungsbereich wird die Erfahrungskurve zur Beurteilung der eigenen Leistungsfähigkeit bei der Herstellung und Montage von Produkten eingesetzt. Die Möglichkeiten der Kostenreduzierung mit Hilfe der Erfahrungskurve können auch in der Verhandlungsführung beim Gespräch mit Lieferanten genützt werden, wenn sich eine entsprechende Volumensentwicklung in der Vergangenheit ergeben hat oder durch die Vergabe des anstehenden Auftrages ergibt.

Poley (42, S. 25) sieht in der Erfahrungskurve für den Einkäufer „die Möglichkeit, Ziele im Hinblick auf die Beschaffungskosten zu quantifizieren und Chancen zur Preissenkung frühzeitig zu erkennen". Die Erfahrungskurve will Poley „zur Absicherung mittel- und langfristiger Entscheidungen über Beschaffungsalternativen" einsetzen. „So ist es bei gleichem Preis in jedem Fall günstiger, die Alternative zu wählen, welche das größte Produktwachstum erwarten läßt. Unter Umständen kann es sogar vorteilhafter sein, eine teurere Ausführungsvariante vorzuziehen, wenn die Erfahrungskurve ein entsprechendes Kostensenkungspotential anzeigt." (42, S. 25).

In der Praxis wird die Auswirkung von Kostensenkungen aufgrund der Volumensteigerung in der Serienfertigung nicht bestritten. Die tatsächlich erzielbaren Kostensenkungen hängen jedoch im Einzelfall von der jeweiligen Produkt- und Fertigungsstruktur ab. Die Verhandlungspartner auf Seiten des Lieferanten werden eine Reihe von Argumenten finden, die eine Kostensenkung aufgrund einer Volumensteigerung in dem besonderen Einzelfall ausschließen. Tatsächlich liegt das Problem in dem Umstand begründet, daß das Unternehmen die effektive Volumensentwicklung des Lieferanten nicht überblicken kann, falls das bezogene Teil oder die bezogene Baugruppe nicht ausschließlich für das Unternehmen gefertigt wird. Schließlich sind bei der Anwendung der Erfahrungskurve in der Verhandlungsführung die Inflationsrate und die Verteuerung der Fertigung der Lieferanten aufgrund von Personal- und Materialkostenveränderungen zu berücksichtigen.

Bedarfszusammenfassungen zur Erhöhung des Bestellvolumens im konkreten Einzelfall können sinnvoll sein, wenn zeitliche oder räumliche Zusammenlegungen von auftretendem Bedarf aufgrund des damit erreichten höheren Volumens den Lieferanten zu einer günstigeren Preisstellung veranlassen. Eine räumliche Zusammenfassung liegt vor, wenn Bedarfsträger an mehreren Stellen des gleichen Unternehmens (zwei oder mehr Werke bzw. Fertigung, Vertrieb und Entwicklung) sich zu einem gemeinsamen Einkauf entschließen. Dies kann in der Form eines Leiteinkaufes erfolgen, bei dem eine Einkaufsabteilung im Auftrag aller Bedarfsträger mit unterschiedlichen Einkaufsaktivitäten federführend die Vertragsverhandlungen übernimmt. Daß die Errichtung eines solchen Leiteinkaufes im Unternehmen sich nicht unproblematisch gestaltet, liegt an der Vorstellung vieler Einkäufer, alle Bestellvorgänge nur selbst durchführen zu können. Sie glauben, daß nur sie die besten Bedingungen am Markt erreichen können und sind nur bei eindeutiger Verantwortungszuordnung bereit, Aufträge an einen Leiteinkauf weiterzugeben.

Die zeitliche Bedarfszusammenfassung ist wesentlich schwieriger zu beurteilen. Hier handelt es sich um keinen gleichzeitigen Bedarf von zwei oder mehr Bedarfsträgern, sondern um den Bedarf, der gegenwärtig auftritt und wahrscheinlich oder sicher in einem gewissen zeitlichen Abstand wieder auftreten wird. In solchen Fällen ist die Versuchung für den Einkauf sehr groß, im Interesse eines Preiszugeständnisses durch den Lieferanten den zu erwartenden Bedarf zu hoch einzuschätzen und damit ein Bestandsproblem zu schaffen. Die Kosten für einen Überbestand eines zu hoch angenommenen Bedarfs sind aber in wenigen Monaten in der Regel wesentlich höher als die erreichte Preisreduzierung. Die Bestandskosten werden (10, S. 11) in einer Größenordnung von 16 bis 18 Prozent — bezogen auf den ausgewiesenen Bestand — ermittelt und machen deutlich, daß mögliche Preiseinsparungen sehr schnell aufgezehrt werden können. Die Bildung von Sicherheitsbeständen im Interesse günstiger Einkaufspreise, durch die zeitliche Raffung möglicher Bedarfsfälle in der Zukunft, muß daher sehr sorgfältig beobachtet werden.

Eine Bedarfszusammenfassung ganz anderer Art ist der Abschluß von Rahmenvereinbarungen. Meist wird bei einem wiederkehrenden Bedarf das Jahresvolumen ermittelt, und dieser Bedarf wird dann bei der Verhandlung mit dem Lieferanten als Mengenverpflichtung zugrunde gelegt. Ein Rahmenvertrag vereinfacht die Bestellabwicklung im Einzelfall wesentlich, da bei auftretendem Bedarf nicht jeweils neu verhandelt werden muß, sondern nur Abrufaufträge aus der Rahmenvereinbarung an den Lieferanten gegeben werden.

Dem Vorteil einer mittelfristigen Preisfixierung auf der Basis eines Jahres- oder Mehrmonatsbedarfes steht das Problem für beide Vertragspartner gegenüber, daß Marktpreisveränderungen die ursprüngliche Preisfixierung für einen der beiden Partner unter Umständen zu einem sehr ungünstigen Geschäft machen können. Solche Marktpreisveränderungen können sich aus konjunkturellen Einflüssen oder aus Einflüssen ergeben, die sich aus der Preisentwicklung am Weltmarkt ableiten. Rahmenvereinbarungen werden zur Vermeidung solcher Einflüsse zum Teil auch auf der Basis von Gleitklauseln abgesprochen.

Die Einhaltung der im Rahmenvertrag vereinbarten Mengen ergibt häufig Diskussionen bei Abweichungen von diesen Vereinbarungen. Unterschreiten die Abrufe die vorgesehenen Mengen, auf deren Grundlage die Preisfixierung vorgenommen wurde, dann meldet der Lieferant unter Umständen Forderungen an. Umgekehrt bei Überschreiten der Mengenverpflichtung.

Die Erfahrungen mit Rahmenvereinbarungen führen in vielen Fällen zu der Erkenntnis, daß die zeitliche und die mengenmäßige Bindung sehr viel vorsichtiger gehandhabt wird. Damit sollen die Risiken aus Mengenabweichungen eingeschränkt und die Vorteile der reibungslosen Abwicklung wahrgenommen werden.

Ein besonderes Risiko bei der Beschaffung besteht beim Fehlen eines Zweitlieferanten. Die Abhängigkeit bei der Zulieferung von einem Alleinlieferanten hinsichtlich der Qualität, der Liefertreue, der Liefersicherheit und das Fehlen von Konkurrenzangeboten erfordern eine sorgfältige Beobachtung des Marktes und der Entwicklung auf dem enstprechenden Marktsegment.

Der Aufbau einer „second source", eines Zweitlieferanten, gehört daher in manchen Unternehmen zu einem Beschaffungsgrundsatz. Selbst dann werden im Interesse eines reibungslosen Materialflusses Zweitlieferanten eingeschaltet, wenn damit zusätzliche Kosten bei der Entwicklung von Ersatztypen oder Ersatzteilen verbunden sind. Die Aufteilung der Lieferanteile auf den ursprünglich und den zusätzlich aufgebauten Lieferanten muß dabei in Rechnung stellen, daß diese Lieferanteile bei beiden Firmen groß genug sein müssen, um bei möglichen Lieferausfällen eines Lieferanten die Belieferung über den zweiten Lieferanten sicherzustellen.

Der Lieferantenwechsel, der als letzter Punkt in der Übersicht über die möglichen Wege der Beschaffungsstrategie aufgeführt ist, stellt eine Entscheidung dar, der in der Regel erhebliche Schwierigkeiten bei der Belieferung durch den bisherigen Lieferanten vorausgegangen sein müssen. Ein solcher Wechsel sollte gut vorbereitet sein und die verschiedenen Komponenten für eine einwandfreie Belieferung berücksichtigen.

Am einfachsten ist die Entscheidung bei einer Verschlechterung der Anlieferqualität der Zulieferteile. Auch die Nichteinhaltung vereinbarter Liefertermine kann zu einem endgültigen Bruch mit dem seitherigen Hauptlieferanten führen. Schwieriger ist die Situation bei Auseinandersetzungen über die Preisbildung. Die letzte Konsequenz in dem Verhältnis zu einem bisherigen Lieferanten sollte nur gezogen werden, wenn alle übrigen Rahmenbedingungen genau analysiert wurden. Häufig erfolgt ein Lieferantenwechsel auf der Grundlage eines besonders günstigen Wettbewerbsangebotes, das jedoch nach dem Wechsel nur kurze Zeit eingeräumt wird. Nach Stabilisierung des neuen Vertragsverhältnisses werden dann die Preise wieder an das ursprüngliche Preisniveau angehoben. Sei es, daß der Lieferant erst nach den ersten Lieferungen den tatschächlichen Aufwand erkennt, sei es, daß die ursprünglichen Angebote bewußt niedrig gehalten wurden.

Der Auftrag zur Kostensenkung an den Einkauf umfaßt nicht nur die Bemühungen um die Kosten des Materialeinsatzes. Wie alle anderen Funktionsbereiche im Unternehmen, hat auch der Beschaffungsbereich die Angemessenheit des Kosteneinsatzes zur Funktionserfüllung laufend zu überwachen. Die Kostensenkungsaktivitäten im Bereich werden unterstützt durch die Erfassung von Kennzahlen und durch Funktionsanalysen, aus denen sich Rückschlüsse auf die Angemessenheit des Kosteneinsatzes ableiten lassen. Auf die Funktionsanalysen wird im folgenden Abschnitt (Seite 62 ff.) ausführlich eingegangen.

Die Kennzahlen als Instrument des Kostenmanagements

Flexibilität, Wirtschaftlichkeit bei der Aufgabenerfüllung, Anpassungsfähigkeit und Kreativität sind Forderungen an den Einkäufer. „Anpassungsfähigkeit und Wirtschaftlichkeit lassen sich jedoch nur realisieren, wenn geeignete betriebswirtschaftliche Steuerungs- und Kontrollinstrumente konsequent genutzt werden" (23, S. 19). Aus einer empirischen Analyse zum Thema „Materialwirtschaft in mittelständischen Unternehmen" ergaben sich erhebliche Defizite bei einem Großteil dieser Unternehmen bezüglich des Einsatzes von Kennzahlen der Materialwirtschaft zur Steuerung dieser Unternehmen. Bei den auf den Einkauf bezogenen Problemfeldern der Materialwirtschaft wurden von den befragten Unternehmen zum Teil sehr große Verbesserungschancen sowohl bei der Beschaffungsanalyse, bei der Disposition, der Einkaufsverhandlung, der Bestellabwicklung und dem Wareneingang gesehen (23, S. 19). Kennzahlen können bei der Verbesserung der Problemfelder eine beachtliche Hilfestellung leisten.

Abbildung 4 zeigt eine Übersicht über Kennzahlen, die zur Beurteilung des Kosteneinsatzes im Kostenstellenbereich, zur Beurteilung der Anlieferqualität und zur Beurteilung der Kostensenkungsaktivitäten im Einkauf zur Verfügung stehen. Die Beurteilung der Wirtschaftlichkeit in der Beschaffung ist nur bedingt möglich. Dies zeigt sich besonders deutlich beim Personaleinsatz in unterschiedlichen Marktsituationen. In ausgeprägten Fällen eines Käufermarktes, bzw. in ausgeprägten Fällen eines Verkäufermarktes, ergeben sich sehr unterschiedliche Belastungen für die Mitarbeiter im Einkauf. Während im Käufermarkt die Lieferanten alle Anstrengungen zur Geschäftsbelebung unternehmen und auf Anfragen umgehend und meist auch mit persönlichen Vorsprachen reagieren, ist die Reaktion der Lieferanten im Verkäufermarkt wesentlich schwerfälliger. Die Arbeitsbelastung steigt nicht nur wegen der Notwendigkeit zusätzlicher Anstrengungen bei der Angebotseinholung, die Arbeitsbelastung steigt auch bei der laufenden Terminverfolgung und vor allem durch die Mehrarbeit infolge der Lieferzeitverlängerungen. Die in Arbeit befindlichen Aufträge steigen mit jeder Verlängerung der marktüblichen Lieferzeiten und erschweren die Abwicklung.

- **Zur Menge**
  Einkaufsvolumen gesamt
  Bestellungen je Mitarbeiter
  Bestellpositionen je Mitarbeiter
  Bestellwert je Mitarbeiter

- **Zur Anlieferqualität**
  Mängelrügen zu Anzahl der Wareneingänge
  Terminüberschreitungen zu Anzahl der Eingangspositionen

- **Zum Wert**
  Einkaufserfolge zu Einkaufsvolumen
  Kostensenkungsvolumen des Einkaufs zu Einkaufsvolumen

- **Zu Kosten**
  Kosten des Einkaufs zu Einkaufsvolumen
  Kosten des Einkaufs zum Umsatz
  Kosten des Einkaufs je Bestellposition

Abb. 4: Kennzahlen zur Beschaffung

Die Kennzahlen im Einkauf zur Mengenbetrachtung des Arbeitsaufwandes je Mitarbeiter können auf die Einwirkungen der Marktsituation keine Rücksicht nehmen. Eine solche Betrachtung hätte zur Folge, daß je nach Marktsituation eine Anpassung des Personalstandes erfolgen müßte.

Die Zahl der Bestellungen zur Beurteilung der Leistung im Einkauf ist beim Einsatz der Datenverarbeitung für die Bestellschreibung nur mit Vorsicht zu verwenden, da die Bestellschreibung über den Rechner jeweils nur eine Bestellposition ausdruckt, während bei der manuellen Bestellschreibung häufig zwei und drei Positionen in einer Bestellung erscheinen. Der Arbeitsumfang im Einkauf richtet sich für den Einkaufssachbearbeiter nach der Zahl der Bestellpositionen, denn auch mehrere Bestellpositionen beim gleichen Lieferanten verursachen im Einkauf zusätzliche Aufwendungen.

Eine absolute Meßzahl für die Leistungsfähigkeit einer Einkaufsabteilung ergibt sich − nach Meinung vieler Verantwortungsträger im Einkauf − weder aus der Zahl der Bestellpositionen noch aus dem abzuwickelnden Bestellvolumen. Zu unterschiedlich sind die jeweiligen Material- und Produktstrukturen in den verschiedenen Unternehmen. Gleichwohl ergeben sich Ansatzpunkte für die Beurteilung der gegenwärtigen Situation bzw. der Entwicklung in einem längeren Zeitabschnitt und für die Festlegung von Zielvorgaben in der Planung durch die Verwendung von Kennzahlen.

Die Kennzahlen zur Anlieferqualität sind in erster Linie ein Beurteilungskriterium für die Lieferanten und müssen in die Datei zur Lieferantenbeurteilung aufgenommen werden. Für die Beurteilung des Einkaufs kann jedoch auch diese Kennzahl herangezogen werden, wenn immer wieder bei den gleichen Lieferanten Qualitätsbeanstandungen auftreten und der Einkauf daraus keine Konsequenzen hinsichtlich der Auftragsvergabe zieht.

Die Kennzahl „Einkaufserfolge zu Einkaufsvolumen" macht die Bemühungen des Einkaufs zur Senkung der Materialkosten deutlich. Gibt es in einem Unternehmen verschiedene Einkaufsabteilungen, dann ist der Vergleich dieser Kennzahl ein geeignetes Instrument zur Beurteilung der Kostensenkungsinitiativen, die von den einzelnen Verantwortungsbereichen ausgehen.

Die Kennzahlen zur Kostensituation leiten über zu der Frage der Wirtschaftlichkeit des Kosteneinsatzes im Einkauf. Eine Hilfstellung bei der Beurteilung und bei der Verbesserung dieses Kosteneinsatzes bietet die Funktionsanalyse, auf die noch später eingegangen wird.

Gezielte Kostensenkungsplanung

Die Planung der Kostensenkungen mit den Schwerpunkten „Wertanalyseprojekte für Kaufteile" und „Einkaufserfolge" erfordert, wie die Planung der Kostensenkung im Kostenstellenbereich „Einkauf", nicht nur eine klare Zielansprache. Es genügt nicht der feste Vorsatz, den Materialkosteneinsatz oder den Aufwand für die Materialbeschaffung um einen bestimmten Prozentsatz zu verändern. Notwendig ist der Einbau von definitiven Kostensenkungsprojekten in den nächsten Planungsschritt.

Selbstverständlich kann nicht der gesamte Umfang der Kostensenkungszielsetzung für die nächsten zwölf Monate aufgelöst in einzelne Projekte in die Planung eingestellt werden. Aber die Basis der in der Planung verankerten Ziele müssen definierte Projekte sein. Die dabei erreichbaren Kostensenkungsziele sind Teil der kurz- und mittelfristigen Planung.

Die Planung der Kostensenkungsaktivitäten hat eine exakte Beschreibung der Einzelprojekte und die dabei erzielbaren Einsparungen festzuhalten. Dabei sind die einzelnen Projekte so zu dokumentieren, daß im Laufe des Jahres in der Berichterstattung die Ergebnisse und mögliche Abweichungen von der ursprünglichen Zielvorgabe dargestellt werden können.

Die Ergebnisse von Kostensenkungsprojekten, die im Laufe des Geschäftsjahres kostenwirksam werden, sind auf die folgenden zwölf Monate aufzuteilen. Diese Ergebnisse werden daher anteilmäßig auf das laufende und auf das folgende Geschäftsjahr umgelegt und in der Berichterstattung ausgewiesen. Damit liegt in der Regel bereits zu Beginn der Planung für ein neues Geschäftsjahr (Budget) ein Anteil aus konkreten Ergebnissen von bereits abgeschlossenen Projekten vor und kann entsprechend in der Planung Berücksichtigung finden.

Die Planung des Materialkosteneinsatzes, zu dem der Einkauf sein Wissen über die zu erwartenden Preisveränderungen und seine Kostensenkungsaktivitäten beisteuert, muß im Hinblick auf die spätere Berichterstattung dokumentiert werden. Diese Dokumentation ergibt sich aus der folgenden Übersicht, die der Darstellung der Kostenplanung des Materialeinsatzes in der Abbildung 2 entspricht:

Budget 1987/88	Planjahr 1	Planjahr 2
Materialeinsatz zu Werten des Vorjahres		
Bruttoverteuerung		
Kostensenkungen		
Materialeinsatz zu Werten des laufenden Jahres		

Tab. 6: Dokumentation der Planungsschritte

Auf die Vorteile dieser Darstellung wird bei der Besprechung der Berichterstattung zu den einzelnen Zeilen (Seite 74 ff.) ausführlich eingegangen.

Die Materialkostenproduktivität: Erfassung und Planung

Die Produktivität ist der Ausdruck für das Verhältnis von Kosteneinsatz zu Umsatz, Leistung oder Wertschöpfung. In den Ausführungen der DIN-Norm 69910 über den Einsatz der Wertanalyse wird als erster unter drei Punkten zur Zielsetzung einer Wertanalyse auf das Ziel der Produktivitätsverbesserung hingewiesen.
Produktivitätskennzahlen werden ermittelt für

– die Lohnkostenproduktivität,
– die Materialkostenproduktivität,
– die Gemeinkostenproduktivität und
– die Gesamtkostenproduktivität.

Im Zusammenhang mit dem Materialeinsatz interessiert die Veränderung der Materialkostenproduktivität. Sie ergibt sich aus der Veränderung des Verhältnisses von Materialkosten zu Umsatz von einem Jahr zum folgenden Jahr. Bei der Ermittlung der Produktivitätsänderung muß auf die Vergleichbarkeit der Daten in den beiden Jahren geachtet werden. Sowohl beim Umsatz wie beim Kosteneinsatz dürfen im zweiten Jahr keine Verteuerungen Berücksichtigung finden, um die Veränderungen der Produktivität richtig darzustellen. Abbildung 5 zeigt die Rechenmethode zur Ermittlung der Produktivitätsänderung über zwei Jahre. Das Ergebnis ist in diesem Beispiel eine Steigerung der Materialkostenproduktivität von 2,32 Prozent.

44

Jahr 1		Jahr 2
$\dfrac{\text{Umsatz}}{\text{Materialkosten}}$	zu	$\dfrac{\text{Umsatz real}}{\text{Materialkosten real}}$

Beispiel:

$$\frac{100 \text{ Mio DM}}{40 \text{ Mio DM}} = 2{,}500 \qquad\qquad \frac{110 \text{ Mio DM}}{43 \text{ Mio DM}} = 2{,}558$$

$$\frac{2{,}558}{2{,}500} \text{ mal } 100 = 2{,}32\%$$

Die Materialkostenproduktivität steigt von Jahr 1 zu Jahr 2 um 2,32 Prozent.

Abb. 5: Ermittlung der Materialkostenproduktivität

Bei der Ermittlung der Produktivität ist auch in bezug auf die Strukturveränderungen des Materialeinsatzes in dem untersuchten Zeitraum auf die Vergleichbarkeit der Daten zu achten. Zunehmende Materialanteile infolge der Veränderung der Produktstrukturen wegen technologischer Veränderungen oder Veränderungen des Produktmixes sind keine Verbesserungen der Materialkostenproduktivität. Die Strukturveränderungen müssen vor der Produktivitätsrechnung eliminiert werden. Dabei sind die Produktgruppen, die zur Strukturveränderung des Materialanteiles beitragen, gesondert zu erfassen und auszuwerten.

Kostensenkungsauflagen des Managements betreffen in zunehmendem Maße die Materialkosten. Dabei werden zum Teil bestimmte Prozentsätze zur Verbesserung der Materialkostenproduktivität in der Planung vorgegeben, wenn die Zielvorgaben der Unternehmenseinheiten nicht zufriedenstellend ausfallen. Es ist dann die Aufgabe des Einkaufs und der übrigen Bereiche, über Maßnahmen der Rationalisierung, der Wertanalyse und über Einkaufserfolge die Vorgaben zu erfüllen.

Für die gezielte Verbesserung der Materialkostenproduktivität sind − sofern nicht genügend Kostensenkungsprojekte vorliegen − unterschiedliche Vorgehensweisen möglich. Die vorhandenen Materialgruppen oder die gewichteten Materialpositionen in diesen Materialgruppen können dabei in den Mittelpunkt der Betrachtung gestellt werden.

Abbildung 6 zeigt die unterschiedlichen Wege auf. Als Alternative 1 bietet sich die Selektierung einer bestimmten Materialgruppe an. Entweder werden alle Positionen dieser Materialgruppe oder besonders gewichtige Einzelpositionen auf Kostensenkungsmöglichkeiten untersucht. In Abbildung 6 ist dies durch die Schraffierung der Materialgruppe „A" angezeigt.

Bei der zweiten Alternative wird das gesamte Materialspektrum betrachtet, und aus diesem Spektrum werden einzelne, besonders wichtige Materialpositionen heraus-

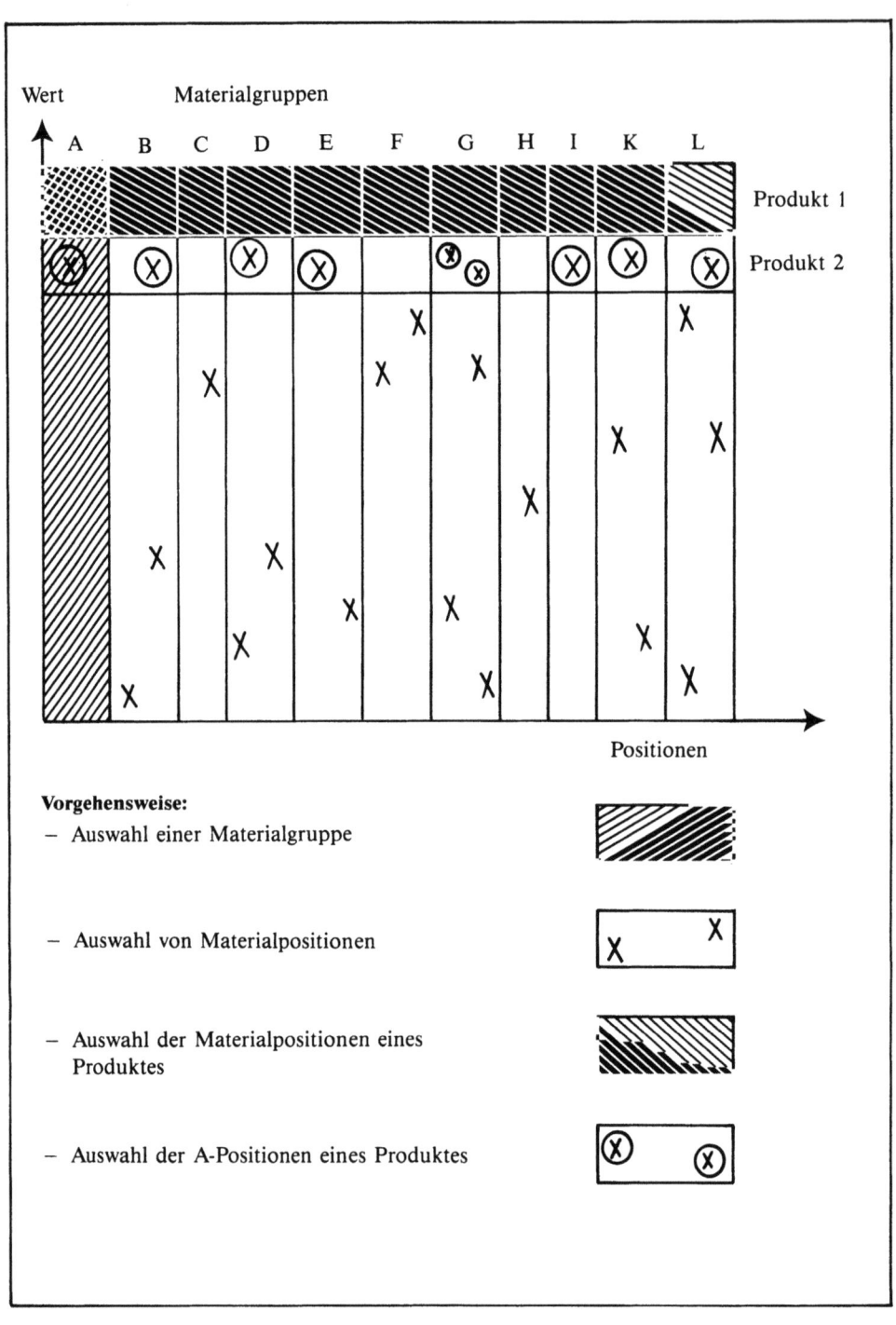

Abb. 6: Wege zur Verbesserung der Materialkostenproduktivität

gegriffen. Beide Alternativen (eins und zwei) haben den Nachteil, daß es keine direkte Beziehung zwischen dem Materialeinsatz und den Produktkosten der eigenen Erzeugnisse gibt. Daher kann keine Auswahl von Materialpositionen unter dem Gesichtspunkt der am Markt besonders gefährdeten Erzeugnisse vorgenommen werden.

Diese Beziehung steht im Mittelpunkt der Alternativen drei und vier. Bei beiden Alternativen sollen die Aktivitäten zur Senkung der Materialkosten auf die Beeinflussung eines bestimmten Produktes ausgerichtet werden. Die auf bestimmte Erzeugnisse gerichtete Projektion ermöglicht die Eingrenzung der Aufgabenstellung. Die kritischen Produkte des eigenen Produktspektrums bestimmen die Auswahl der zu untersuchenden Materialpositionen.

Die Alternative drei ist auf die Beeinflussung der Materialkosten zu Produkt 1 ausgerichtet. In Abbildung 6 ist diese Alternative schraffiert dargestellt und es ist auf das Produkt 1 hingewiesen.

Die letzte Alternative in dieser Übersicht stellt ebenfalls ein bestimmtes Produkt in den Mittelpunkt. In diesem Fall werden jedoch nicht alle Materialpositionen betrachtet, sondern nur die A-Positionen. Es wird davon ausgegangen, daß die Beschränkung auf die Kostenbeeinflussung der A-Positionen sehr viel schneller zum Erfolg führt.

Welche der möglichen Vorgehensweisen im konkreten Einzelfall gewählt werden sollte, hängt von der Struktur der Produkte, den vorhandenen Materialpositionen und der Problemstellung ab.

Materialkostensenkungspotentiale als Grundlage für die Verbesserung der Materialkostenproduktivität

Die Planung der einzelnen Kostensenkungsprojekte zur Beeinflussung der Materialkostenproduktivität erfordert eine Auseinandersetzung mit den Möglichkeiten der operativen Instrumente des Einkaufs im konkreten Fall. Zu berücksichtigen sind die jeweiligen Materialstrukturen und die in diesen Strukturen vorhandenen Materialkostensenkungspotentiale.

Das Materialkostensenkungspotential ist die sich aus der Analyse der Materialgruppen ergebenden Möglichkeiten zur Beeinflussung einzelner Materialpositionen. Dabei spielen Fragen der allgemeinen Marktentwicklung, der spezifischen Vorgänge zu bestimmten Teilmärkten und wettbewerbsbedingte Situationen bei ausgewählten Materialgruppen eine Rolle.

Die aus den Vergleichen mit anderen Materialpositionen abgeleiteten Kostensenkungspotentiale müssen wertmäßig definiert und in die Kostensenkungsplanung übernommen werden. Die Ermittlung der Kostensenkungspotentiale im Materialbereich unterstützt die allgemeinen Bemühungen um die Kostensenkungen zur Verbesserung der Materialkostenproduktivität. Die Erfassung der Kostensenkungspotentiale stellt somit eine wertvolle Ergänzung zu den Einzelaktivitäten der Rationalisierung, der Wertanalyse und der Einkaufserfolge dar.

Der Einsatz der operativen Instrumente durch den Einkauf

Die Beeinflussung der Materialkostenproduktivität durch die dem Einkauf zur Verfügung stehenden Kostensenkungsinstrumente erfordert von Fall zu Fall das Setzen unterschiedlicher Schwerpunkte. Abhängig ist die dem Einzelvorgang angepaßte Verwendung der operativen Instrumente von der Bedeutung des jeweiligen Einkaufsteiles im eigenen Materialspektrum und von der Beeinflußbarkeit dieses Teiles durch die zur Verfügung stehenden Alternativen.

Die Effektivität der Kostensenkungsinstrumente zur Verbesserung der Produktivität wird bestimmt von der Zuordnung der verschiedenen Teile in spezifische Problemfelder. Neben der Bedeutung eines Kaufteiles für das gesamte Einkaufsvolumen des Unternehmens ist maßgebend für das Vorgehen bei der Auswahl der zweckmäßigen Kostensenkungsinstrumente die unterschiedliche Teilestruktur und die unterschiedliche Bedarfsstruktur.

Ein einmaliger Bedarf im Geschäftsjahr ist anders zu beurteilen als ein Serienbedarf; ein Zeichnungsteil anders als ein genormtes Massenprodukt. Die Kostensenkungsaktivitäten müssen gezielt eingesetzt werden, und der dafür notwendige Aufwand muß auf den erzielbaren Erfolg einer solchen Maßnahme ausgerichtet sein. Der Einsatz eines Wertanalyse-Teams zur Beeinflussung der Kosten für einen einmaligen Bedarf im Laufe eines Geschäftsjahres kann bei diesem Teil einen beachtlichen Erfolg bringen. Es ist aber vorher zu prüfen, ob der dafür einzusetzende Aufwand gerechtfertigt ist.

Die Bedarfsmenge, die durch die Häufigkeit des auftretenden Bedarfs und durch die im Einzelfall zu disponierende Stückzahl definiert wird, hat einen entscheidenden Einfluß auf den Erfolg der einzuleitenden Maßnahmen. So wird beispielsweise ein nur periodisch auftretender Bedarf einer jeweils kleinen Menge die Möglichkeit begrenzen, durch die Einschaltung weiterer Lieferanten eine Preisbeeinflussung zu erreichen. Viel effektiver können die Kostensenkungsinstrumente bei einem Serienbedarf eingesetzt werden, bei dem sich auch kleine Einzelerfolge durch die Häufigkeit des Einsatzes zu entsprechenden Kostensenkungsergebnissen addieren.

Die Zuordnung des Einsatzes der Kostensenkungsinstrumente nach den verschiedenen Strukturen und dem Volumen des jeweiligen Bedarfs führt zu einer Systematisierung der Bestimmungsgründe nach folgenden Gesichtspunkten:

- der Teilestruktur,
- der Bedarfsstruktur,
- des Bedarfsvolumens in bezug auf die Lieferantenkapazität,
- des Bedarfsvolumens innerhalb des eigenen Gesamtbedarfs.

Bei der Teilestruktur geht es um die Einordnung des eigenen Bedarfs in unterschiedliche Kategorien. Für die Verhandlungsführung bei der Auftragsvergabe und für die dabei zur Verfügung stehenden operativen Instrumente ist von wesentlicher Bedeutung, ob es sich bei dem konkreten Bedarfsfall um

- eigene Zeichnungsteile,
- lieferantenspezifische Teile,
- mehrfach angebotene Teile oder
- Normteile

handelt.

Bei eigenen Zeichnungsteilen hängt die Auswahl des Lieferanten von der Leistungsfähigkeit hinsichtlich der angebotenen Qualität, der vorhandenen Kapazität und der
Angemessenheit des Preisniveaus ab. Da die Auftragsvergabe häufig mit der Erstellung von Formen oder Spezialwerkzeugen sowie -einrichtungen verbunden ist, stößt
der Einsatz eines Zweitlieferanten oder ein Lieferantenwechsel auf Schwierigkeiten.
Die Umschaltung auf einen anderen Lieferanten hat unter Umständen nicht nur
erhebliche Kostenauswirkungen. Ein solcher Wechsel erfordert genaue Analysen über
die Leistungsfähigkeit und die Qualifikation, um Risiken für die zukünftige Belieferung zu vermeiden. Je kostenaufwendiger und je komplizierter sich vom technischen
Standpunkt die Liefervorbereitungen gestalten, um so vorsichtiger muß bei der Einschaltung eines Zweitlieferanten und bei einem Lieferantenwechsel für eigene Zeichnungsteile vorgegangen werden.

Kostensenkungsmaßnahmen mit Hilfe von Rationalisierungen, von Wertanalysen
für Eigenerzeugnisse und Wertanalysen in Zusammenarbeit mit der jeweiligen Lieferfirma für Zeichnungsteile, sind möglich. Zeichnungsteile eignen sich besonders für
Wertanalysen mit dem Lieferanten, da es auf das Wissen dieses Lieferanten hinsichtlich der fertigungstechnischen Möglichkeiten, der konstruktionsspezifischen Beson-
derheiten und der betriebswirtschaftlichen Rahmenbedingungen entscheidend
ankommt.

Kostensenkungen für eigene Zeichnungsteile lassen sich auch über Rahmenverein-
barungen realisieren. Ein Lieferant, der einen Jahresbedarf über eine bestimmte
Stückzahl eines Zeichnungsteiles erhält, kann sich auf dieses Jahresvolumen in seiner
Fertigungsplanung einstellen und wird in der Regel bereit sein, einen erzielbaren
Kostenvorteil mindestens zum Teil an das Unternehmen weiterzugeben.

Neben der Struktur des entsprechenden Teiles spielt die Bedarfsstruktur für den
Einsatz der zur Verfügung stehenden operativen Instrumente eine Rolle. Unter der
Bedarfsstruktur versteht man

- den Einzelbedarf
- den periodisch auftretenden Bedarf oder
- den Serienbedarf.

Die größten Schwierigkeiten zur Durchsetzung von Kostensenkungen im Einkaufsbereich bietet der Einzelbedarf. Dem Lieferanten kann keine feste Zusage über mögliche Nachfolgeaufträge gegeben werden, weder zeitlich noch stückzahlmäßig. Dem
Lieferanten fehlt die Motivation für besondere Anstrengungen zur Kostensenkung im
eigenen Bereich und zur Ausarbeitung von kostengünstigeren Alternativen in der Fertigung. Häufig decken sich eigene Zeichnungsteile mit einem Einzelbedarf. Auch
wenn es sich in solchen Fällen um wichtige Einzelpositionen des eigenen Material-
spektrums handelt, sind die Möglichkeiten der operativen Kostensenkungsinstrumente beschränkt. An dem folgenden Beispiel wird ein solcher Fall aufgezeigt und
ein Weg dargestellt, wie der Einkauf die notwendige Operationsfähigkeit bei der Ver-

handlungsführung gewinnen kann: Ein Hersteller von Industrieturbinen bot für die unterschiedlichen Bedarfsfälle eine Vielzahl von unterschiedlichen Turbinen an, deren Konstruktionsmerkmale jeweils unterschiedliche Stahlgußbestellungen bei den Gußlieferanten zur Folge hatte. Die Zahl der Gußbestellungen im Jahr, als wichtigstes Einzelteil im Materialspektrum dieses Unternehmens, war von der Zahl der zufällig für eine bestimmte Turbinentype erteilten Aufträge abhängig.

Das Unternehmen entschloß sich zu einer Neukonzeption des eigenen Turbinenangebotes unter Berücksichtigung des Baukastenprinzips. Unterschiedliche Kundenanforderungen sollten durch einheitliche Grundmodelle und durch zusätzliche Teile, abhängig von dem jeweiligen konkreten Bedarf, beliefert werden. Für die Beschaffung der Gußteile, aber auch für die Bearbeitung in den Werkstätten sollten sich dadurch Einsparungen und Verbesserungen beim Fertigungsablauf ergeben. Die Umstellung der Konstruktion auf die neue Turbinenreihe gab dem Einkauf eine wesentlich verbesserte Ausgangssituation bei der Verhandlungsführung, da sich zumindest für die Grundtype ein Kleinserienbedarf entwickelte, für dessen Belieferung die Lieferanten ein großes Interesse zeigten. Die veränderte Verhandlungsposition des Einkaufs zur Ausschöpfung der operativen Instrumente wirkte sich bei der Preisgestaltung für die Anlieferteile aus. Die verbesserte Preissituation, die vereinfachte technische Auftragsbearbeitung und die Kosteneinsparung bei der Fertigungsabwicklung rechtfertigten den hohen Aufwand für die konstruktive Umstellung des Programms.

Der periodisch auftretende Bedarf im Unternehmen und der Serienbedarf für bestimmte Zulieferteile gibt dem Einkauf die Möglichkeit, neben den Kostensenkungsinstrumenten der Rationalisierung und der Wertanalyse, durch die Einschaltung eines Zweitlieferanten, durch Rahmenabschlüsse und durch einen Lieferantenwechsel die Materialkostenproduktivität günstig zu beeinflussen. In diesen Fällen lassen sich auch über die Veränderung des Bedarfsvolumens im konkreten Fall − das heißt durch Bedarfszusammenfassungen über einen gewissen Zeitraum − Kostensenkungen beim Materialeinsatz erreichen.

Für den Einsatz der operativen Instrumente im Einkauf ist das eigene Bedarfsvolumen in bezug zur vorhandenen Lieferantenkapazität von Bedeutung. Je mehr Kapazität des Lieferanten durch den eigenen Bedarf beansprucht wird, um so größer wird die Abhängigkeit des eigenen Unternehmens von der Lieferfähigkeit dieses Lieferanten. Eine solche Abhängigkeit beschränkt die Möglichkeiten zur Preisbeeinflussung. Die Abhängigkeit kann auch Probleme zur Folge haben, wenn durch Veränderungen der konjunkturellen Situation oder durch veränderte Nachfragebedingungen eigene Bedarfsveränderungen sich auf den Lieferanten auswirken. Solche Einflüsse können bis zur Existenzbedrohung der Lieferfirma führen und gefährden damit die eigene Versorgung. Die Überwachung des Lieferanteiles an der vorhandenden Lieferantenkapazität ist zur Sicherung der eigenen Versorgung zweckmäßig.

Die Bedeutung eines spezifischen Bedarfs am Gesamtbedarf des eigenen Unternehmens ist eine weitere Bestimmungsgröße für die Aktivitäten des Einkaufs. Je nach der Eingruppierung des Bedarfs im eigenen Materialspektrum als

- A-Position,
- B-Position oder
- C-Position

werden sich die Bemühungen um die Preisbeeinflussung ausrichten.

Bei den A-Positionen des Materialbedarfs – dies entspricht einem Anteil von etwa 15 Prozent aller Materialpositionen und etwa 70 Prozent des Wertes aller Materialpositionen – werden die Kostensenkungsaktivitäten in der Regel am intensivsten sein. Mit Hilfe einer ABC-Analyse (siehe S. 60 ff.) müssen die A-Positionen selektiert werden. Die Beeinflussung einer A-Position ist im Ergebnis wesentlich effizienter als die mühsame Durchforstung einer Vielzahl von C-Positionen zu Ermittlung möglicher Verbesserungen der Materialkostenproduktivität.

Wie bei den eigenen Zeichnungsteilen, lassen sich die unterschiedlichen Bestimmungsgrößen für die Effektivität der operativen Instrumente des Einkaufs auch den übrigen Teilen der Teilestruktur – den lieferantenspezifischen Teilen, den mehrfachangebotenen Teilen und den Normteilen – zuordnen.

Die lieferantenspezifischen Teile – Teile, die nur von einem bestimmten Lieferanten angeboten werden – bringen das Unternehmen in eine Abhängigkeit zu diesem Lieferanten und beschränken die Möglichkeiten zur Materialkostenbeeinflussung. In diesen Fällen stellt sich immer wieder die Frage nach den möglichen Alternativen. Dabei ist zu entscheiden, ob das Risiko des Nachbaues oder einer eigenen Entwicklung für ein bestimmtes Teil die Möglichkeit für eine aktive Kostenbeeinflussung rechtfertigt. Häufig haben solche Entscheidungen zu einem höheren Kosteneinsatz geführt, wenn die Lernkurve für das neue Produkt bei einem Kostenniveau einsetzt, das der Lieferant schon längst verlassen hatte, da er seine Lernkurve dem Ausstoßvolumen laufend angepaßt hat.

Bei Materialpositionen, die von verschiedenen Lieferanten gleichzeitig angeboten werden, ergeben sich für den Einkauf die besten Möglichkeiten, alle zur Verfügung stehenden operativen Instrumente einzusetzen und die Kostensenkungsziele entsprechend hoch anzusetzen.

Die Normteile werden von allen Anbietern zu den gleichen Qualitäten und – in der Regel – zu ähnlichen Bedingungen angeboten. Die Vergleichbarkeit des Preisniveaus liegt in der Tatsache begründet, daß es sich meist um eine ausgereifte Fertigungstechnologie handelt. Auch der Versuch, solche Teile aus Billiglohnländern zu beziehen, scheitert häufig an dem Aufwand für die Qualitätskontrolle vor Ort.

Dem operativen Instrumentarium des Einkaufs zur Verbesserung der Materialkostenproduktivität werden neben den eben beschriebenen objektiven Bestimmungsgründen der Teilestruktur, der Bedarfsstruktur, des Bedarfsvolumens, bezogen auf die Lieferkapazität und des Bedarfsvolumens, bezogen auf den eigenen Gesamtbedarf, auch Grenzen durch die besondere Struktur des jeweiligen Beschaffungsmarktes gesetzt.

Die Bestimmungsgründe für die Effektivität der operativen Instrumente des Einkaufs werden – bezogen auf das Beispiel eines Turbinengehäuses – in Abbildung 7 dargestellt. Bei diesem Beispiel handelt es sich um ein eigenes Zeichnungsteil, das im Materialspektrum des Unternehmens eine A-Position nach der ABC-Analyse einnimmt und an der Kapazität des Lieferanten unter fünf Prozent beteiligt ist. Das schraffierte Feld gibt die Einordnung dieses Teiles als eigenes Zeichnungsteil an, das als Einzelbedarf zum Tragen kommt.

Aus dieser Zuordnung des Turbinengehäuses ergeben sich die einsetzbaren Möglichkeiten zur Kostenbeeinflussung des Einkaufs, und zwar die operativen Instrumente

- der Rationalisierung,
- der Wertanalyse für die Turbine selbst und daraus abgeleitet für das Turbinengehäuse,
- der Wertanalyse, ausgerichtet auf das Turbinengehäuse in Zusammenarbeit mit dem Gußlieferanten,
- des Rahmenabschlusses über verschiedene Gußteile, sofern kein überschaubarer Bedarf für das gleiche Turbinengehäuse vorliegt,
- der Preisverhandlung aufgrund konkreter Ansatzpunkte vorhandener Wettbewerbsangebote,
- des Lieferantenwechsels, sofern eine Übereinkunft für die Preisfestlegung nicht gefunden werden kann und genügend Zeit für einen Lieferantenwechsel zur Verfügung steht.

Der Beitrag des Einkaufs zur Verbesserung des Materialflusses (Just in Time)

Mit der veränderten Lohn- und Materialstruktur im Umsatz der Unternehmen haben sich auch die Einstellungen zur Fertigungssteuerung und zur Ausstattung der Fertigungsstätten mit einem angemessenen Maschinenpark verändert. Eine weitgehende Zerlegung des Arbeitsprozesses sollte die Optimierung der Lohnkosten in der herkömmlichen Technik sicherstellen. Dementsprechend war die Ausrüstung mit Automaten, die in kürzester Zeit die so zerlegten Arbeitsgänge abarbeiten konnten. Die Fertigung hoher Stückzahlen ohne Umrüstung der Automaten zur Vermeidung von Fertigungsunterbrechungen sollte die Stückkosten senken. Der Aufwand für Umrüstkosten wurde um so gewichtiger, je spezifischer die maschinellen Anlagen für bestimmte Arbeitsgänge ausgerichtet waren.

Immer stärker wird nunmehr der Bedarf an flexiblen Fertigungseinrichtungen, bei denen nicht mehr die kürzeste Bearbeitungszeit eines Teilprozesses im Mittelpunkt steht. Die Zusammenfassung hoher Losgrößen in der Fertigung kann unter den veränderten Strukturen eine kostengünstige Fertigung nicht mehr sicherstellen. Die Strukturveränderung bedingt geringere Losgrößen und eine Beschleunigung des Durchlaufes. Die wirtschaftliche Umstellung der Automaten in den Werkstätten zur Bewältigung der Bedarfsänderungen wird ein zentrales Problem.

Der möglichst rasche Durchlauf eines Auftrages durch die Fertigung verlangt von allen Teilen im Unternehmen ein Umdenken. Von der Beschaffung bis zur Vertriebsdisposition müssen die Weichen anders gestellt werden. Die Ausrichtung auf den Materialfluß verändert die Schwerpunkte im Unternehmen. In Zusammenhang mit dieser neuen Philosophie wird in der Fertigungssteuerung seit einigen Jahren von „Just in Time" gesprochen.

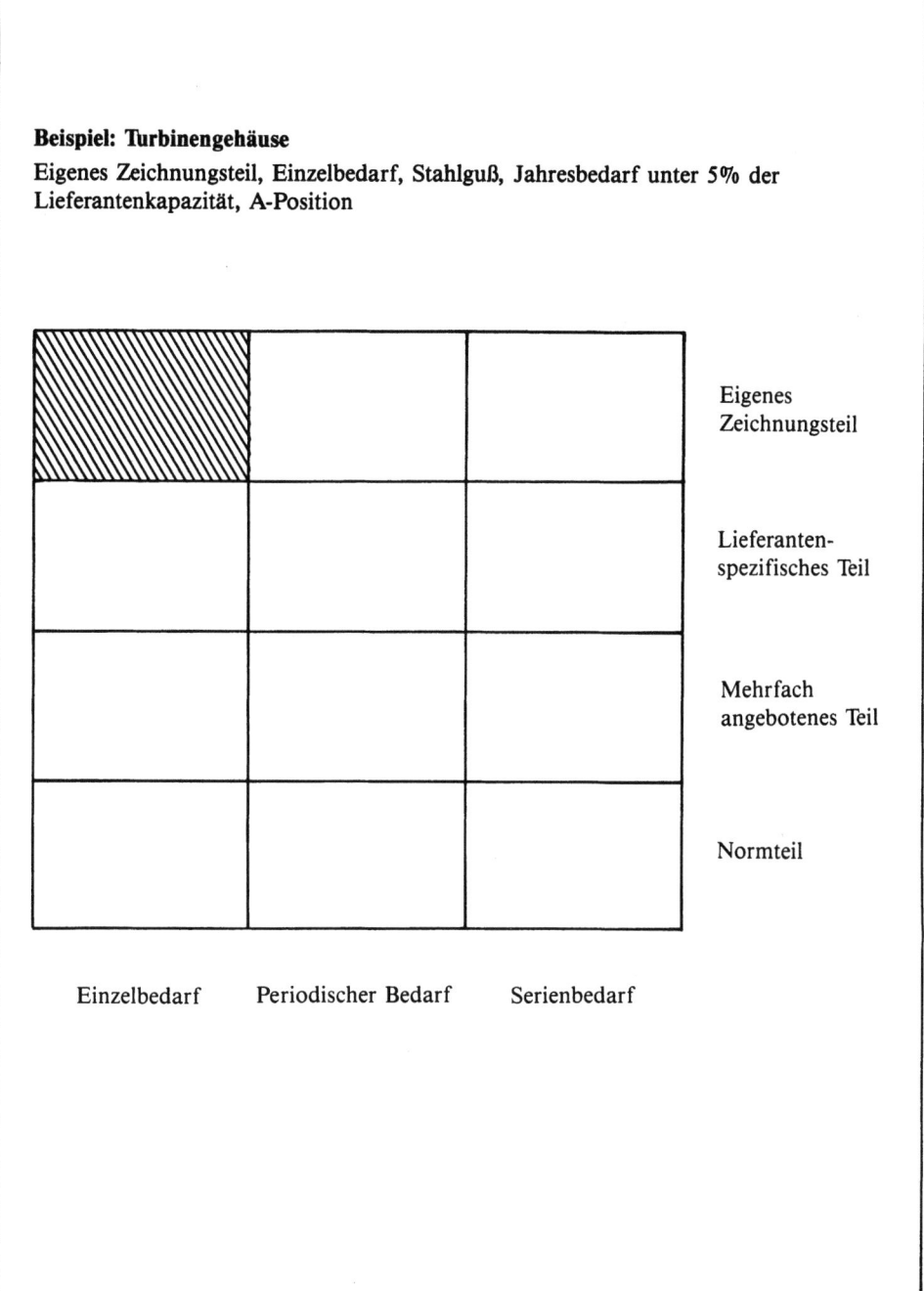

Beispiel: Turbinengehäuse
Eigenes Zeichnungsteil, Einzelbedarf, Stahlguß, Jahresbedarf unter 5% der
Lieferantenkapazität, A-Position

Eigenes
Zeichnungsteil

Lieferanten-
spezifisches Teil

Mehrfach
angebotenes Teil

Normteil

Einzelbedarf   Periodischer Bedarf   Serienbedarf

Abb. 7: Bestimmungsgründe für ein Turbinengehäuse

Just in Time will über eine termingenaue Bereitstellung des Materials am Arbeitsplatz eine Verkürzung der Durchlaufzeiten erreichen und gleichzeitig eine Bestandsverringerung sicherstellen. In die Kette der Optimierungsbemühungen um den Materialfluß sind auch die Aktivitäten des Einkaufs eingebunden. Der Einfluß des Einkaufs beginnt bei den Bemühungen, Lieferzeiten zu verkürzen, um die Flexibilität im Unternehmen zu erhöhen. Die rechtzeitige Bedarfserkennung und die zeitlich richtige Bedarfszuordnung, die zügige und umgehende Auftragsbearbeitung und die Verkürzung der Arbeitszeit bei der Warenannahme und der Weiterleitung an die jeweiligen Bedarfsträger sind Aufgabenstellungen für den Einkauf. Die Nebenzeiten bei der Auftragsabwicklung müssen in die Überlegungen zur Verkürzung der Durchlaufzeiten einbezogen werden.

Der eine Teilaspekt von Just in Time, die Einflußnahme des Einkaufs zur Bestandsreduzierung, wird ausführlich im Abschnitt über „Controlling im Einkauf – Bestände-Controlling" behandelt. An dieser Stelle soll nur die Einflußnahme des Einkaufs auf die Verbesserung des Materialflusses zur Verkürzung der Durchlaufzeit behandelt werden.

Just in Time ist die Erkenntnis, daß dem Materialeinsatz und dem Materialfluß die entscheidende Bedeutung bei der zukünftigen Kostenbeeinflussung einzuräumen ist. Erforderlich ist eine sorgfältige Planung im Beschaffungsbereich und die Abstimmung dieser Planung mit der Fertigungssteuerung und der Vertriebsplanung. Erforderlich ist aber auch eine Verbesserung der Plandaten selbst zur Vermeidung von Fehldispositionen. Die vom Einkauf beeinflußbare Verkürzung der Durchlaufzeit erfordert enge Kontakte mit allen anderen Bereichen des Unternehmens, welche zur Verbesserung des Materialflusses beitragen können. Intensiviert werden muß auch die Abstimmung mit den Lieferfirmen. Eine Verlagerung der eigenen Materialflußprobleme zum Lieferanten kann keinen dauerhaften Erfolg haben.

Just in Time wird zum Teil heute auch auf die Transportzeit für die Zulieferungen vom Lieferanten zum Werk ausgedehnt. In einem Bericht des für die Materialwirtschaft und Logistik zuständigen Vorstandsmitgliedes der Firma BMW heißt es: „Aus diesem extrem engen Informationsverbund und Zeitablauf ergab sich der Zwang, eine maximale Transportzeit von 20 Minuten einzuhalten" (43, S. 51). Die Auswirkung solcher Überlegungen war die Grundlage für den Aufbau eines eigenen Zweigwerkes einer Zulieferfirma, um den neuen BMW-Standort Regensburg dieser Forderung entsprechend beliefern zu können.

Der Einkauf hat einen entscheidenden Beitrag zur Verbesserung des Materialflusses zu leisten. Just in Time ist daher nicht nur eine Zielsetzung für die Fertigungstechniker, sondern auch für den Funktionsbereich Beschaffung.

6. Die analytische Funktion als Controlling-Aufgabe im Einkauf

Die analytische Funktion als zweite Komponente des Controlling hat im Einkauf ein weites Aufgabengebiet. Die mengen- und wertmäßige Planung des Materialeinsatzes im Rahmen der Budget- oder der langfristigen Wirtschaftsplanung baut auf den Analysen über veränderte Materialinhalte der vorgegebenen Umsatzzielsetzungen auf. Analysen zur Ermittlung veränderter Wertansätze, Analysen zu Abweichungen der Istzahlen gegenüber den Planvorgaben und Analysen zur Kostenbeeinflussung im Kostenstellenbereich sind die Grundlagen von Managemententscheidungen zur Beeinflussung des Ist und sinnvoller Planansätze für die nächsten Planungsschritte.

Die Analysen, mit denen sich das Controlling im Einkauf zu beschäftigen hat, lassen sich zu folgenden Problemkreisen zusammenfassen:

- Analysen in bezug auf den Markt,
- Analysen in bezug auf den Kosteneinsatz und
- Analysen als Hilfestellung im Controlling.

Analysen zur Erfassung der Veränderungen und Entwicklungen auf dem Beschaffungsmarkt

So wichtig für den Vertrieb die laufende Beobachtung des Marktes ist, auf dem er seine Produkte heute und in Zukunft anbieten will, so wichtig ist für den Einkauf die laufende Beobachtung des Beschaffungsmarktes. Diese Aufgabe ist nicht mit der Erfassung des gegenwärtigen Zustandes erledigt. Die Entwicklungstendenzen und die voraussichtliche Situation des Beschaffungsmarktes in dem Zeitraster des Planungshorizontes sind wichtige Bausteine einer realistischen Planung und ermöglichen die rechtzeitige Einstellung des Unternehmens auf die zu erwartenden Gegebenheiten des Marktes.

Die Analyse des Beschaffungsmarktes betrifft sowohl die Erfassung der weltwirtschaftlichen, der volkswirtschaftlichen und der branchenspezifischen Daten als auch die Erfassung der produktspezifischen Entwicklungstendenzen. Bei der Beobachtung der Wirtschaftsdaten des Beschaffungsmarktes geht es um Erkenntnisse der konjunkturellen Trends, der möglichen Entwicklung der Beschäftigungssituation, um Daten über die Entwicklung der Geldwertstabilität und des allgemeinen Zins- und Preisniveaus. Auch die bereits verhandelten oder die zu erwartenden Tarifabkommen für Lohn- und Gehaltsempfänger spielen eine wichtige Rolle.

Ziel der Analyse des Beschaffungsmarktes ist die Gewinnung von Erkenntnissen über die Versorgungssicherheit im allgemeinen und auf kritischen Spezialgebieten sowie von Erkenntnissen über die zu erwartende Preisentwicklung. Die Projektion dieser Marktdaten auf die zu erwartende Bruttopreisverteuerung der Materialkosten wird in dem folgenden Abschnitt behandelt.

Die Marktanalyse des Beschaffungsmarktes soll auch branchenspezifische Entwicklungstendenzen deutlich machen. Neben der allgemeinen Entwicklung des Beschaffungsmarktes interessieren Entwicklungen auf Marktsegmenten, die einen entscheidenden Einfluß auf Angebot und Nachfrage und damit auf die Preisbildung für den eigenen Materialbedarf haben.

In diesem Zusammenhang sei auf die Situation auf dem Markt für Mikrochips im Jahre 1983 verwiesen. Zu Anfang dieses Jahres befand sich der Markt für Bauelemente weltweit in einem für manche Hersteller besorgniserregenden Zustand. Über viele Monate hinweg standen einem viel zu großen Angebot zu geringe Wachstumsraten bei den Verbrauchern dieser Mikrochips gegenüber. Der prognostizierte Nachfragezuwachs, der viele Hersteller zur Aufrechterhaltung ihrer Kapazitäten veranlaßte, führte vor allem in Europa zu einem Verdrängungswettbewerb amerikanischer und japanischer Bauelemente-Hersteller. Hinzu kam noch eine laufende Innovation, und damit die Verdrängung bisher eingesetzter Chips durch neue, noch leistungsfähigere Bausteine.

Schlagartig im Frühjahr des Jahres 1983 veränderte sich die Situation in den Vereinigten Staaten und – obwohl niemand zu dieser Zeit daran glauben wollte – ein halbes Jahr später auch in Europa.

Was war geschehen? Die Hersteller von Mikrocomputern hatten im Frühjahr einen Durchbruch auf dem Markt erzielt und absorbierten das gesamte überzählige Angebot an Chips, später noch mehr. Die Entwicklung des Mikrocomputer-Angebotes wurde weder von den Chip-Herstellern (Analyse des Absatzmarktes) noch von den Chip-Verbrauchern (Analyse des Beschaffungsmarktes) mit der notwendigen Sorgfalt beobachtet. Auch nach der Stabilisierung des Marktes in den USA ging der Verdrängungswettbewerb in Europa zunächst weiter. Eine Verknappung des Angebotes und deutliche Preisanhebungen waren die Folge, mit denen die Verbraucher in den folgenden Monaten leben mußten.

An diesem Beispiel wird deutlich, daß die Analyse des Beschaffungsmarktes mehr ist als die Erfassung von Daten, die in jedem Wirtschaftsteil einer guten Tageszeitung nachzulesen sind. Die Analyse des Beschaffungsmarktes erfordert Kreativität und Phantasie, um die für ein bestimmtes Marktsegment wichtigen Daten für Management-Entscheidungen aufzubereiten.

In Abbildung 8 sind die wesentlichen Aussagen für eine Analyse des Beschaffungsmarktes zusammengestellt. Es sind Aussagen

– zur Konjukturentwicklung,
– zur Finanzstruktur,
– zur Preisentwicklung,
– zur Tarifsituation und
– zur branchenspezifischen Entwicklung.

Bei den Marktanalysen zur Erfassung produktspezifischer Aussagen werden Entwicklungen neuer Techniken, neuer Werkstoffe und alternativer Beschaffungsmöglichkeiten untersucht. Die dabei gewonnenen Erkenntnisse müssen stets auch in bezug auf das Verhalten des Wettbewerbs überprüft werden. Für die Entscheidung zum Einsatz eines neuen Werkstoffes im eigenen Unternehmen genügt nicht die Erkenntnis

	Veränderung % in 12 Monaten
Konjunkturentwicklung – Gesamtproduktion – Produktion wesentlicher Branchen	
– Bestelleingänge Gesamtindustrie – Bestelleingänge wesentlicher Branchen	
– Zahl der Arbeitslosen – Zahl der offenen Stellen – Industrieumsätze	
Preisentwicklung – Weltmarktnotierungen – Industrieerzeugerpreise gesamt – Wesentliche Branchen	
Tariflöhne wesentlicher Branchen	
Branchenspezifische Daten – ˙Auslastungen – Lieferengpässe	

Abb. 8: Analyse des Beschaffungsmarktes

des technisch Machbaren. Ergänzt werden muß diese Erkenntnis durch Analysen über die Sicherheit der Versorgung, der Zuverlässigkeit der Belieferung, der Lieferfähigkeit und der Einhaltung von Qualitätsstandards eines möglichen Lieferanten auch über einen längeren Zeitraum.

Analysen zur Ermittlung der Bruttoverteuerung des Materialeinsatzes

Bei der Besprechung der Kostenplanung des Materialeinsatzes (S. 44 ff.) wurde auf die Notwendigkeit des schrittweisen Aufbaues dieser Planung über die Bruttoverteuerung, die Kostensenkungsaktivitäten und schließlich den Ausweis der Nettoverteuerung hingewiesen. Die Grundlage der Bruttoverteuerung stellt zum einen Teil die Auswertung der Analyse des Beschaffungsmarktes, zum anderen Teil die Kontaktpflege mit den Lieferanten dar. Im Rahmen des Beschaffungsmarketings ergeben sich aus den Lieferantenkontakten wesentliche Hinweise auf die zu erwartenden Bruttoverteuerungen. Dabei muß allerdings berücksichtigt werden, daß es sich bei diesen Ankündigungen um einen Teil der Preispolitik des jeweiligen Lieferanten handelt und die endgültige Bruttopreisverteuerung sich erst als Resultat einer intensiven Preisverhandlung beim konkreten Bedarfsfall oder beim Abschluß eines längerfristigen Rahmenvertrages ergibt.

Für die Analyse zur Ermittlung der Bruttopreisverteuerung des Materialeinsatzes ist – trotz der Einschränkung bezüglich möglicher Tendenzen in diesen Aussagen – die Sammlung und Auswertung der verschiedenen Lieferantenmeinungen von Wichtigkeit. Besondere Bedeutung haben dabei die sogenannten „Chef-Gespräche", Gespräche des verantwortlichen Managers für den Einkauf mit leitenden Mitarbeitern oder Firmeninhabern wesentlicher Zulieferfirmen. Solche Gespräche werden auch von seiten der Verantwortlichen dieser Lieferanten gerne auf einer Ebene geführt, bei der die Einschätzung der konjunkturellen Situation und der voraussichtlichen weiteren wirtschaftlichen Entwicklung eine wesentlich wichtigere Rolle spielt als die jeweilige Preisverhandlung eines anstehenden Bedarfs.

Auch die Gespräche mit verantwortlichen Managern aus dem Beschaffungsbereich befreundeter Unternehmen können wesentlich zur Analyse der Bruttopreisverteuerung des Materialeinsatzes für den nächsten Planungsschritt beitragen.

Die Höhe der Bruttopreisverteuerung hat für die Budgetplanung eine große Bedeutung, denn diese Verteuerungen werden als Ziele festgeschrieben und bilden die Basis für die Abweichungsanalysen. Daher sind die Vorarbeiten zur Ermittlung dieser Planzahl ein wichtiger Beitrag zur Verbesserung der gesamten Unternehmensplanung. Schon bei einem Anteil von fünfzig Prozent der Materialkosten an den Gesamtkosten des Unternehmens ist eine Verschätzung von ein oder zwei Prozent bei der Planung des Materialkosteneinsatzes eine gravierende Abweichung. Die Materialkostenplanung findet im Budget ihren Niederschlag in der Preispolitik für das eigene Produktspektrum. Zu hoch oder zu niedrig angesetzte Veränderungen der eigenen Produktpalette aufgrund der Verschätzungen beim Materialeinsatz können sich erheblich auf das Umsatzvolumen und auf das Ergebnis des Unternehmens auswirken.

Spezifische Lieferanten-Analysen

Die Beurteilung eines Lieferanten und seine Eingruppierung nach den unterschiedlichen Bewertungskriterien erfolgen in der Regel aufgrund täglicher Geschäftsvorfälle. Eine systematische und eine auf einen bestimmten Lieferanten zugeschnittene Analyse ist eher die Ausnahme.

Ein solcher Vorgang kann sich ergeben, wenn im Rahmen einer Geschäftsfeldanalyse nicht nur das vorhandene Produktspektrum und die Stellung des Unternehmens im Absatzmarkt einer Untersuchung unterzogen werden. Die Stellung des Unternehmens im Beschaffungsmarkt, die Auswahl der Hauptlieferanten und die Leistungsfähigkeit dieser Lieferanten kann ebenfalls im Mittelpunkt einer Geschäftsfeldanalyse stehen. In diesen Fällen geht es um Aussagen über die Beschaffungsaktivitäten des Unternehmens im Vergleich zum Wettbewerb und um Aussagen über die Beurteilung der Hauptlieferanten. Für die wichtigsten Lieferanten, von denen die eigene Versorgungssicherheit abhängt, können dann spezifische Analysen erforderlich werden. Alle die Beurteilungskriterien, auf die in den Ausführungen über die Beurteilung von Lieferanten (S. 16ff.) hingewiesen wurde, können für eine solche Analyse Bedeutung haben.

Die Ausrichtung einer Analyse auf einen bestimmten Lieferanten erfolgt meist aufgrund besonderer Vorkommnisse. Entweder sollen die Geschäftsverbindungen wesentlich intensiviert werden, oder die Geschäftsverbindung soll überhaupt erst aufgebaut werden. Lieferanten mit dem Firmensitz in fernen Ländern stellen bei kritischen Teilen ein Risiko für die Versorgungssicherheit dar, wenn vor der Aufnahme einer engen Geschäftsverbindung nicht ausreichende Unterlagen zusammengetragen wurden, aus denen sich die Leistungsfähigkeit ergibt.

Spezielle Lieferantenanalysen müssen sich zusätzlich zu den bereits erwähnten Bewertungskriterien mit der Frage vorhandener Kapazitäten auseinandersetzen und mit der Wettbewerbssituation dieses Lieferanten auf seinem heimischen Markt.

Die Umsatzanalyse als Basis für die Planung des Materialeinsatzes

Grundlage aller Planungsschritte für kurz-, mittel- und langfristige Unternehmensplanungen sind die am Markt erzielbaren Erlöse. Auf die Umsatzerlöse haben sich alle weiteren Überlegungen zum Kosteneinsatz, und damit auch zum Einsatz der Materialkosten, auszurichten. Entscheidend für die Planung des Materialeinsatzes ist nicht nur das Umsatzvolumen selbst, sondern auch die Materialstruktur des Umsatzes und der jeweilige Produktmix.

Die Materialstruktur des Umsatzes verändert sich nicht nur durch Konstruktionsänderungen und fertigungstechnische Umstellungen beim vorhandenen Produktspektrum. Ein erheblicher Einfluß auf die Umsatzstruktur ergibt sich aus der Einführung neuer Produkte und ganzer Produktgruppen mit einer wesentlich veränderten Kostenstruktur gegenüber den vorhandenen Umsatzträgern. Schließlich verändert sich die Kostenstruktur des Umsatzes laufend durch Kostensenkungsmaßnahmen bei den Produkten, die einen wesentlichen Beitrag zum Gesamtumsatz leisten.

Die Kostensenkungsaktivitäten verändern die Strukturen sowohl in bezug auf die Veredlungsleistung durch Maßnahmen bei den Personalkosten und den sonstigen Kosten als auch in bezug auf die Materialkosten. Schließlich ergeben sich Jahr für Jahr Korrekturen der Umsatzstrukturen durch die unterschiedlichen Wertveränderungen im Kostengefüge. In der Regel sind die jährlichen Kostensteigerungen bei den Personalkosten wesentlich ausgeprägter als die Verteuerungseinflüsse bei den Materialkosten.

Die Umsatzanalyse als Grundlage des Materialeinsatzes hat aufzuzeigen:

– die Auswirkungen von Mengenveränderungen durch die Umsatzentwicklung,
– die Auswirkungen von Strukturveränderungen der Produktkosten im Umsatz,
– die Auswirkungen eines veränderten Produktmixes im Umsatz,
– die Auswirkungen von Kostenverschiebungen im Umatz.

Die Umsatzanalyse zur Bestimmung des Materialeinsatzes erfordert eine enge Zusammenarbeit und Abstimmung mit den Vertriebsaktivitäten. Beim Vertrieb herrscht die Tendenz vor, mit seiner differenzierten Planung des Umsatzes möglichst nahe an das Planjahr heranzukommen, um die letzten Erkenntnisse aus dem Kundenverhalten in die Planung einzubringen. Der Einkauf benötigt die Aussagen des Vertriebs jedoch möglichst frühzeitig als Basis für seine eigene Planung.

Die ABC-Analyse als Grundlage zur Erfassung und Überwachung von Veränderungen beim Materialkosteneinsatz

Auf den Einsatz der ABC-Analyse in der Materialwirtschaft und speziell im Einkauf wurde bereits mehrfach hingewiesen. Bei der Überwachung der Materialkostenproduktivität als Indiz für die Wirtschaftlichkeit des Materialeinsatzes wurde dargestellt, daß eine Selektierung der wichtigsten Materialpositionen und deren intensive Bearbeitung den Arbeitsaufwand wesentlich einschränkt.

Die Produktivitätsverbesserung wird nicht von einigen tausend Materialpositionen bestimmt, deren Anteile am Gesamtmaterialeinsatz im einzelnen nur eine sehr geringe Bedeutung haben. Die Summierung der erreichten Kosteneinsparungen bei diesen Teilen – auch wenn sie im einzelnen unter Umständen prozentual sehr hoch liegen – kann für die geplante Verbesserung der Materialkosten bedeutungslos sein.

Wie beim Bestände-Controlling die Erfassung der gewichtigen Bestandspositionen zur Beeinflussung der Bestandshöhe ausschlaggebend ist, so gilt dies auch im Einkauf für die Beeinflussung der Materialkostenproduktivität. Die Aufteilung der Materialpositionen in A-, B- und C-Teile nach ihrer Gewichtigkeit im Materialeinsatz ermöglicht eine differenzierte und effiziente Vorgehensweise bei den verschiedenen Aufgabenstellungen im Einkauf zur Beeinflussung und Überwachung der Materialkosten. Im einzelnen sind dies

– die Beeinflussung und Überwachung der Materialkostenproduktivität,
– die Beobachtung der Einkaufspreisentwicklung hinsichtlich der Bruttopreisverteuerung,
– die Ermittlung der für den Materialeinsatz wesentlichen Positionen für die Auswahl der Kostensenkungsprojekte,
– die Beobachtung der vom Einkauf zu verantwortenden Kostensenkungsaktivitäten.

Die ABC-Analyse geht von der Erkenntnis aus (siehe S. 51), daß bei einer Vielzahl von Teilen eine annähernd gleiche Verteilungskurve für die Wertigkeit der Positionen in bezug zur Zahl der Einzelteile vorliegt. Diese Verteilungskurve sagt aus, daß

– etwa 15 Prozent der Positionen einen Wert von 70 Prozent,
– etwa 15 Prozent der Positionen einen Wert von 20 Prozent und
– etwa 70 Prozent der Positionen einen Wert von 10 Prozent

repräsentieren.

Bei einer Beschränkung auf die A-Positionen gelingt es demnach, mit einer verhältnismäßig geringen Zahl von Materialpositionen einen sehr hohen Anteil des gesamten Materialvolumens zu beeinflussen und zu überwachen.

Während sich die ABC-Analyse beim Bestandscontrolling auf die im Bestand geführten Positionen bezieht, werden bei der ABC-Analyse im Einkauf alle bestehenden Materialpositionen – gleichgültig ob mit oder ohne Bestand – berücksichtigt. Die ABC-Analyse für die aufgeführten Aufgaben beschränkt sich allerdings auf die im Planungshorizont eingesetzten Materialpositionen.

Für den Einsatz der ABC-Analyse wurden weiter oben einige Schwerpunkte im Einkauf aufgeführt. Neben der Auswahl wesentlicher Positionen bei den Aktivitäten zur Verbesserung der Materialkostenproduktivität und der Verfolgung dieser Aktivitäten über A-Positionen im Laufe des Geschäftsjahres kann die Analyse eine wichtige Stütze bei der Beobachtung der Bruttopreisverteuerung sein. Die in der Planung unterstellten Verteuerungen und der tatsächliche Ist-Anfall kann über A-Positionen am zweckmäßigsten verfolgt werden.

Die Analyse des Einkaufspreisniveaus

Für die Bestimmung und Beobachtung des Einkaufspreisniveaus gibt es unterschiedliche Auffassungen. Bei der Ermittlung der Veränderungen dieses Preisniveaus kann man von folgenden unterschiedlichen Begriffen ausgehen:

– der einkaufswirksamen Preisveränderung,
– der niveauwirksamen Preisveränderung und
– der kostenwirksamen Preisveränderung.

Die unterschiedlichen Erfassungsmethoden dieser Preisveränderungen beziehen sich

– auf den Zeitpunkt des Wirksamwerdens,
– auf den materiellen Inhalt der Veränderung und
– auf die Zielrichtung der Aussage.

Die einkaufswirksame Preisveränderung will nachweisen, welche Auswirkungen die Preisveränderungen des laufenden Geschäftsjahres gegenüber der Ausgangslage (dem durchschnittlichen Preisniveau des letzten Jahres) haben. Wesentlich ist also der Tag des Eingangs der bestellten Ware und die zeitanteilig im Geschäftsjahr eingetretene Veränderung. Ein am 1. Mai eingegangenes Material, das mit einer Preiserhöhung von zwei Prozent in Rechnung gestellt wird, trifft das laufende Geschäftsjahr anteilig mit acht Monaten für die Zeit von Mai bis Dezember. Ausgewiesen wird bei der einkaufswirksamen Preisveränderung deshalb ein Prozentsatz von 1,3. Würde diese Lieferung erst am 1. Juli unter sonst gleichen Bedingungen eintreffen, dann wäre aufgrund der Preiserhöhung von zwei Prozent die auszuweisende einkaufswirksame Veränderung 1 Prozent.

Bei der niveauwirksamen Preisveränderung soll die tatsächliche Veränderung des Einkaufspreisniveaus aufgezeigt werden. Erfaßt wird bei der niveauwirksamen Preisveränderung das Preisniveau zum Ende des letzten Geschäftsjahres und der Stichtagspreis. Unterstellt man aus dem obigen Beispiel, daß die Verteuerung auch gegenüber dem Stichtagspreis zu Ende des letzten Geschäftsjahres zwei Prozent beträgt, dann wird bei der niveauwirksamen Preisveränderung dieser Prozentsatz voll ausgewiesen. Der Vorteil dieser Darstellung ergibt sich durch die eindeutige Darstellung des veränderten Preisniveaus. Dies ist besonders bei gravierenden Inflationsraten und entsprechenden Verteuerungen des Materials ein wichtiger Hinweis für das Management zur Anpassung der eigenen Preispolitik. Für die Ermittlung der das Geschäftsjahr tatsächlich treffenden Verteuerungen sind jedoch Hilfsrechnungen erforderlich.

Die dritte Preisveränderung – die kostenwirksame Veränderung – hat zum Beschaffungsvorgang keinen direkten Bezug. Kostenwirksam wird eine Preisveränderung erst beim Einsatz der Materialpositionen in der Fertigung, das heißt bei der Erfassung im Kostenanfall. Materialpositionen liegen oft Tage, Wochen oder Monate im Lager, bevor sie in den Werkstätten eingesetzt werden. Erst zu diesem Zeitpunkt werden sie in der Kostenrechnung erfaßt. Die kostenwirksame Preisveränderung ist daher ein Problem der Kostenrechnung und kann nur von dieser erfaßt werden.

Abbildung 9 zeigt die besprochenen Einkaufspreisveränderungen in der Zeitachse von der Bestellung bis zum Kosteneinsatz

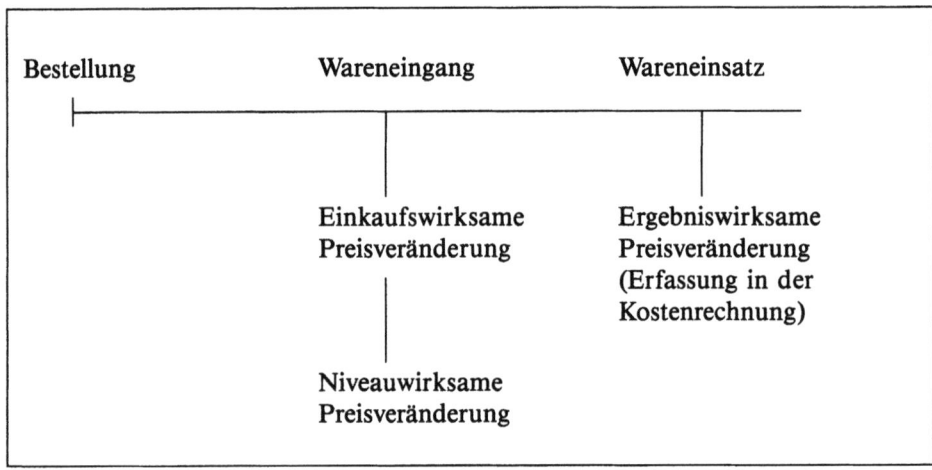

Abb. 9: Die unterschiedliche Erfassung der Einkaufspreisveränderung

Die Funktionsanalyse als Grundlage der Überwachung der Kostenstrukturen im Einkauf

Die Erfassung und Überwachung des Kosteneinsatzes in der eigenen Kostenstelle des Einkaufs ist ein ebenso wichtiger Vorgang bei den Bemühungen um optimale Kostenstrukturen wie die laufende Beobachtung der Materialkosten. Kostensenkungsaktivitäten des Einkaufs sind daher nicht nur bezüglich des Einsatzes der Materialkosten zu entwickeln. Ein Instrument zur Verbesserung der Planung des Kosteneinsatzes und zur laufenden Überwachung des Personal- und des sonstigen Kosteneinsatzes in der eigenen Kostenstelle ist die Funktionsanalyse.

Die Funktionsanalyse versucht, eine Verbindung des Kosteneinsatzes für einen bestimmten Kostenbereich zum gesamten Kosteneinsatz und zum Umsatz des Unternehmens herzustellen. Erfaßt werden die Kosten nur nach den Hauptkostengruppen

– der Personalkosten,
– der Sachkosten und
– der Kapitalkosten,

da es bei der Funktionsanalyse nicht auf eine möglichst detaillierte Kostendarstellung ankommt. Wesentlich ist der Anteil der Personalkosten, auf deren Beeinflussung es bei den Kostensenkungsaktivitäten im Kostenstellenbereich in erster Linie ankommt. Aus diesem Grunde gibt auch der Ausweis der Mitarbeiterzahl im Funktionsbereich wichtige Hinweise zur Beurteilung der Entwicklung.

In dieser Analyse werden – wie in Abbildung 10 dargestellt – die Kennzahlen

– „Kosten des Funktionsbereiches zum Gesamtkosteneinsatz" und
– „Kosten des Funktionsbereiches zum Umsatz"

ermittelt und verfolgt.

Die Funktionsanalyse kann sowohl im Zeitvergleich – für die Beobachtung der Kostenentwicklung des Bereiches über mehrere Jahre – und im Vergleich zu anderen Bereichen in dem gleichen Berichtszeitraum verwendet werden. Der Zeitvergleich einer Kostenstelle über mehrere Jahre gibt Aufschluß über Kostensenkungsaktivitäten durch die Beobachtung der Kennzahlen. Aber auch die Entwicklung der Materialkosten im Vergleich zu der Zahl der in dem Bereich beschäftigten Mitarbeiter gibt aufschlußreiche Hinweise. Die Funktionsanalyse eines Kostenstellenbereiches gewinnt selbstverständlich an Aussagekraft, wenn es gelingen sollte, vergleichbare Kostenstellen im eigenen Unternehmen oder bei befreundeten Unternehmen zu finden und die Kostenstrukturen sowie die Effizienz verschiedener Einkaufsabteilungen miteinander zu vergleichen.

Abbildung 10 zeigt den Aufbau einer Funktionsanalyse für den Einkaufsbereich. Über drei Jahre gibt diese Übersicht Aufschluß über:

– die Zahl der Mitarbeiter,
– den Kostenanfall des Bereichs unterteilt nach den drei Hauptkostenarten,
– die Materialkosten,
– den Umsatz und
– die Kennzahlen.

Die Wertangaben in dieser Darstellung sind vergleichbar aufzuführen, das heißt unter Ausklammerung der Kosten- und Preisveränderungen in den einzelnen Jahren. Nur so ist eine objektive Beurteilung von Umsatz, Materialaufwand und Kosteneinsatz möglich.

Die Darstellung des Materialkosteneinsatzes ermöglicht Rückschlüsse auf die Angemessenheit des Kosteneinsatzes in der Kostenstelle. Der Materialkosteneinsatz repräsentiert die Arbeitsbelastung für den Funktionsbereich Einkauf.

Die Entwicklung des Umsatzes und die Kennzahl „Anteilige Kosten des Funktionsbereiches zum Umsatz" zeigt die Anpassung der Kosten des Funktionsbereiches an

Funktionsbereich			Einkauf
Berichtszeitraum	1984	1985	1986
Zahl der Mitarbeiter			
Kosten des Bereichs darin: Personalkosten Sachkosten Kapitalkosten			
Materialkosten			
Umsatz			
Kennzahlen: Anteilige Kosten: Gesamtkosten Anteilige Kosten: Umsatz			

Abb. 10: Funktionsanalyse für den Funktionsbereich Einkauf

die Umsatzentwicklung. Dies spielt vor allem bei einem Umsatzrückgang eine wichtige Rolle.

Die Funktionsanalyse ist ein Hilfsmittel bei der Überwachung der Kostenstrukturen und kann die gezielten Analysen im Zusammenhang mit der Erarbeitung von Kostensenkungsaktivitäten im Kostenstellenbereich nur unterstützen, nicht ersetzen.

Die Analysen zur Plan/Ist-Abweichung beim Materialeinsatz und in der Kostenstelle

Die Abweichungsanalyse ist wie die Kostenplanung und die Kostenerfassung für den Einkauf in zwei Richtungen durchzuführen:

– in bezug auf den Materialeinsatz und
– in bezug auf den Kosteneinsatz im Kostenstellenbereich.

Die auftretenden Abweichungen im Laufe des Geschäftsjahres erfordern bei den Materialkosten eine intensive Auseinandersetzung mit den mengenmäßigen und mit den wertmäßigen Plansätzen. Es genügt also keineswegs die Darstellung und Dokumentation der Abweichung als Differenz der Plan- und Istzahlen, wie sich dies aus Abbildung 11 ergibt. Eine Aussage für Management-Entscheidungen erfordert eine differenzierte Auseinandersetzung mit den Gründen und den Auswirkungen dieser Abweichungen.

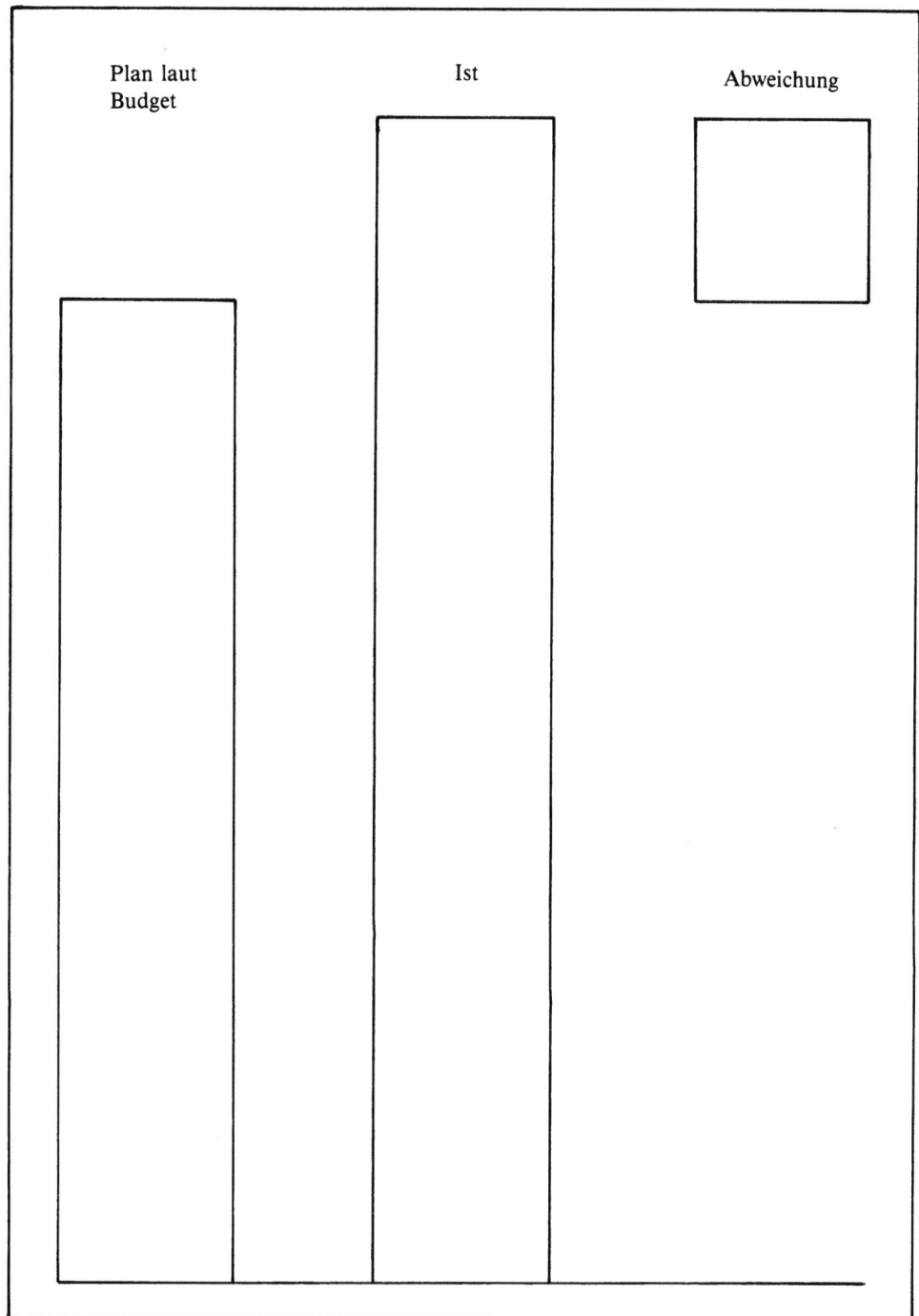

Abb. 11: Abweichungsanalyse

Das folgende Beispiel zeigt die Materialkosten des Vorjahres, die Materialkostenplanung im Budget, den Kostenanfall im Ist und die aufgetretene Abweichung zum Jahresende.

Werte in TDM	Vorjahr	Budget	Istanfall	Abweichung
Materialkosten	14 560	15 480	16 186	706

Tab. 7: Die Abweichungsanalyse zu den Materialkosten, Teil 1

Die einzige Aussage, die aus dieser Übersicht abgeleitet werden kann, ist die Abweichung in absoluter Höhe. Diese entspricht einem Mehrkostenanfall von etwa 4,6 Prozent. Aktivitäten des Managements zur Beeinflussung des zukünftigen Kostenanfalles können aus dieser Darstellung zum Geschäftsjahresende nicht abgeleitet werden; diese Aussage wäre aber auch innerhalb des Geschäftsjahres, zum Ende eines bestimmten Monats, nicht in Entscheidungen umzusetzen. Es fehlt eine differenzierte Auseinandersetzung mit den Ursachen und eine Aufgliederung nach den Gründen der aufgezeigten Abweichung.

Wesentlich ist bei einer tiefergehenden Analyse die Auflösung der Abweichung in bezug auf

– die Abweichungen des Mengengerüstes und
– die Abweichungen des Wertgerüstes.

Wie sich die in Tabelle 7 aufgeführte Abweichung in die mengenmäßigen und in die wertmäßigen Abweichungen auflösen läßt, steht in Tabelle 8.

Werte in TDM	Vorjahr	Budget	Istanfall	Abweichung
Materialkosten	14 560	15 480	16 186	706
– Mehrverbrauch Menge				429
– Mehrkosten Werte				277

Tab. 8: Die Abweichungsanalyse zu den Materialkosten, Teil 2

Dieser erste Schritt zur Vertiefung der Erkenntnisse über die Ursachen der Abweichungen zeigt eine Aufteilung nach den beiden unterschiedlichen Gründen für Planabweichungen beim Materialeinsatz, nach den mengenabhängigen und nach den werteabhängigen Abweichungen. Für notwendige Entscheidungen zur Kostenbeeinflussung reicht jedoch auch diese Aussage nicht. Es bleiben Fragen nach den Gründen des Mehrverbrauchs, und es bleiben Fragen nach den Gründen des zusätzlichen Werteeinsatzes bei den Materialkosten unbeantwortet.

Nicht behandelt in diesem Beispiel – um die Darstellung nicht zu kompliziert zu gestalten – ist der Einfluß durch die Bestandsabweichungen gegenüber der Planung auf die Materialkosten. Auch diese Abweichungen gehören in den Bereich der mengenabhängigen Abweichungen. Die Abweichung des Bestandsausweises von den Planvorgaben ist ein wichtiger Ansatzpunkt für die Analyse der Materialkosten.

Bestände haben nur für den Teil der Fertigerzeugnisse einen dem Umsatz vergleichbaren Kostenaufbau, und nur für diesen Teil der Bestandsabweichungen vom Plan können bei der Abweichungsanalyse dem Umsatz entsprechende Materialanteile zugrunde gelegt werden. Bei den unfertigen Erzeugnissen muß davon ausgegangen werden, daß im Schnitt nur die Hälfte des Lohn- und Gemeinkostenanteiles im Bestandsausweis enthalten ist, und deshalb muß über eine Hilfsrechnung der Einfluß einer Planabweichung auf den Materialeinsatz ermittelt werden.

Bei der Bestandsabweichung gegenüber der Planung spielt demnach die Frage eine Rolle, ob es sich um Veränderungen bei

– den Roh-, Hilfs- und Betriebsstoffen,
– den unfertigen Erzeugnissen oder
– den Fertigerzeugnissen

handelt.

Für die Analyse der Einflüsse auf den Materialeinsatz durch Abweichungen aus der Bestandsentwicklung kann die Position „Roh-, Hilfs- und Betriebsstoffe" unberücksichtigt bleiben, da diese Bestände in der Kostenrechnung noch keinen Niederschlag gefunden haben.

Bei den mengenabhängigen Abweichungen sind demnach zu unterscheiden:

– Abweichungen aufgrund des veränderten Umsatzvolumens,
– Abweichungen aufgrund der Strukturveränderung des Kosteneinsatzes,
– Abweichungen aufgrund des gegenüber der Planung veränderten Produktmixes und
– Abweichungen aufgrund des gegenüber der Planung veränderten Bestandsausweises.

Bei der wertabhängigen Abweichung des Materialeinsatzes ist den Fragen nachzugehen,

– ob die Bruttoverteuerung in der Planung zu hoch oder zu niedrig angesetzt war oder
– ob sich die Kostensenkungsmaßnahmen gegenüber der Planung im Ist verändert haben.

Eine aussagefähige Darstellung der Abweichungsanalyse muß daher eine Unterteilung der Budgetplanung und des Istanfalles nach den einzelnen Planungsschritten für den Materialeinsatz aufweisen und diesen Planungsschritten die Abweichungen zuordnen. Die so aufgebaute Analyse der Materialkostenabweichungen (siehe Tabelle 9) gibt dem Management den erforderlichen Spielraum für Entscheidungen hinsichtlich der Beeinflussung der weiteren Entwicklung des Materialverbrauches.

Werte in TDM	Vorjahr	Budget	Istanfall	Abweichung
Materialkosten	14 560	15 480	16 186	+ 706
Mehrverbrauch (Menge)		+ 627	+ 1065	+ 429
davon: Mehrumsatz		+ 418	+ 820	+ 402
Strukturänderung		+ 173	+ 230	+ 57
Produktmix		+ 36	+ 6	− 30
Mehrkosten (Werte)		+ 293	+ 570	+ 277
davon: Verteuerung		+ 705	+ 940	+ 235
Kostensenkung		− 412	− 370	+ 42

Tab. 9: Abweichungsanalyse zu den Materialkosten, Teil 3

Neben der differenzierten Darstellung der Abweichungen ist die rechtzeitige Information des Managements eine ebenso wichtige Aufgabe. Nicht die Analyse der Abweichungen des Materialeinsatzes acht Wochen nach Abschluß des Geschäftsjahres gibt dem Management die hinreichende Möglichkeit für die Einleitung von Maßnahmen. Jeden Monat − unmittelbar nach Vorliegen der Daten aus dem Rechnungswesen − hat das Controlling im Einkauf diese Analysen zu erstellen und die Auswirkungen der Abweichungen auf das Geschäftsjahresende zu projizieren. Eine differenzierte monatliche Erstellung der Abweichungen ist selbstverständlich nur möglich, wenn auch die Planzahlen nach Monaten vorliegen und wenn die Isterfassung der Kosten auf diese Analyse eingerichtet ist.

Die Notwendigkeit, eine Monatsaufteilung der Planung und die monatliche Erfassung der Daten im Ist durchzuführen, ergibt sich nicht allein aus der Gewinnung eines operativen Instrumentes für das Management zur Beeinflussung der weiteren Kostenentwicklung. Der Kostenanfall während des Jahres ist sehr unterschiedlich und würde bei einer linearen Verteilung einer Jahresplanzahl für den Materialeinsatz über alle Monate zu falschen Rückschlüssen führen. Unterschiedlich ist der Kostenanfall wegen der unterschiedlichen Verteilung des Umsatzes über die einzelnen Monate und wegen des unterschiedlichen Einflusses der Kostenverteuerungen. Diese Verteuerungen verteilen sich auf die einzelnen Monate sehr unterschiedlich. Die Lieferanten setzen mit der Preiserhöhung nicht unmittelbar zu Beginn des Planjahres ein. Ein Großteil dieser Veränderungen wird mit den Abschlüssen der Tarifverträge gekoppelt und wird zum Teil im zweiten, unter Umständen auch erst im dritten Quartal wirksam. Den Planzahlen einer durchschnittlichen Bruttopreisverteuerung des Materials von angenommen 2,4 Prozent stehen dann in den ersten Monaten wesentlich geringere Bruttopreisverteuerungen im Ist gegenüber. Bis zum Ende des Planjahres gleicht sich diese unterschiedliche Belastung der einzelnen Monate wieder aus, sofern die Planansätze stimmen. In der zweiten Jahreshälfte ergeben sich entsprechend höhere Belastungen aus der Bruttomaterialverteuerung im Kostenauflauf.

Ohne detaillierte Analyse würden die positiven Abweichungen in den ersten Monaten des Jahres unter Umständen zu Korrekturen der Ergebnissituation führen und das Management verunsichern.

Die in Tabelle 9 aufgeführte Übersicht über die Abweichungen des Materialeinsatzes und deren Gründe ermöglicht — unterstellt man beispielsweise, daß es sich in dieser Darstellung um die Daten des ersten Halbjahres handelt — Entscheidungen und Maßnahmen zur Beeinflussung ungünstiger Auswirkungen für die Folgemonate des Geschäftsjahres.

Unkritisch ist in dieser Analyse der Mehrverbrauch von Material aufgrund eines gegenüber den Plansätzen gestiegenen Umsatzes. In der ausgewiesenen Abweichung von 402 TDM ist der Betrag aufgeführt, der dem höheren Umsatzniveau zu diesem Zeitpunkt entspricht. Jeder Umsatzsteigerung folgt bei gleicher Struktur ein entsprechend gestiegener Materialeinsatz.

Unkritisch ist ebenfalls der Betrag von minus 30 TDM, der sich aus dem veränderten Produktmix des Umsatzes ableitet. In dieser Zeile ist nur der Materialmehrverbrauch aufzuführen, der sich aus der Differenz des tatsächlichen Produktmixes zu dem geplanten Produktmix ergibt. Selbstverständlich kann sich aus einem veränderten Produktmix ein negativer Ergebniseinfluß für das Unternehmen ergeben, wenn die Nachfrage nach Produkten mit einem höheren Materialanteil zu einem Mehrumsatz bei Produkten führt, die einen geringeren Ergebnisbeitrag abführen. Für die Analyse der Abweichungsrechnung im Materialbereich ist jedoch nur der Ausweis des auf den Produktmix entfallenden Materialanteiles wesentlich.

Kritisch, zumindest mit wahrscheinlichen Auswirkungen auf das Unternehmensergebnis verbunden, sind die restlichen drei Positionen der Abweichungsanalyse. Die Abweichung des Mehrverbrauches im Zusammenhang mit der Strukturveränderung zeigt unter Umständen an, daß die Materialkosten bei den neu eingeführten Produkten nicht richtig in der Planung berücksichtigt wurden, oder daß durch Rationalisierungen des vorhandenen Produktspektrums Verschiebungen zu Lasten des Materialanteiles eingetreten sind. Soweit dieser Mehrverbrauch einen Gegenposten beim sonstigen Kosteneinsatz (beispielsweise durch Reduzierung der Personalkosten) findet, ist diese Abweichung kein Alarmsignal für das Management. Aus den Zusammenhängen der verschiedenen Teile der Kostenplanung und des Kosteneinsatzes wird deutlich, daß die Abweichungsanalyse des Einkaufs in die Abweichungsanalyse des gesamten Kostengefüges im Unternehmen eingebunden ist.

Besonders kritisch hinsichtlich des ausgewiesenen Betrages und hinsichtlich des dargestellten Grundes ist die Abweichung infolge einer wesentlich höheren Bruttopreisverteuerung. Dabei ergeben sich Fragen, ob bei der Planerstellung die erwarteten preispolitischen Maßnahmen der Lieferanten richtig eingeschätzt wurden, oder ob durch eine veränderte Wirtschaftssituation die Preissteigerungen eingetreten sind. Beide Vorgänge müssen zu Reaktionen des Managements führen. Bei einer veränderten Wirtschaftslage ist die eigene Preispolitik im Vertrieb zu überprüfen, um die zusätzlichen Verteuerungen aufzufangen. Bei einem falschen Planansatz sind Vorkehrungen für den nächsten Planungsschritt zu treffen. In diesem Fall ist Sorge zu tragen, daß die Marktanalysen als Grundlage der Planung für die Materialverteuerungen besser ausgebaut werden.

Am kritischsten zu beurteilen ist die Abweichung bei den Kostensenkungsaktivitäten. Etwa zehn Prozent der geplanten Kostensenkungen sind in diesem Berichtsabschnitt nicht realisiert worden. Zwar ist dies − gemessen am Gesamtkosteneinsatz − „nur" ein viertel Prozent. Berücksichtigt man aber einen höheren Mengeneinsatz aufgrund eines über der Planung liegenden Umsatzes (Zeile Mehrumsatz in Tabelle 9) und eine verhältnismäßig bescheidene Zielvorgabe für die Kostensenkungen im Budget, dann befindet sich in dieser Position ein wesentlicher Ansatzpunkt für intensive Kostenuntersuchungen. Bei der Beurteilung der Abweichung zu den Kostensenkungen ergeben sich zusätzliche Fragen einer weiteren Aufgliederung dieses Postens. Eine solche Aufgliederung hätte die Frage nach den geplanten und den erreichten Kostensenkungsaktivitäten in den Positionen

− Rationalisierung,
− Wertanalyse und
− Einkaufserfolge

aufzuzeigen.

Die Abweichungsanalysen für den Kostenstellenbereich Einkauf sind, im Verhältnis zu der Abweichungsanalyse der Materialkosten, einfach zu ermitteln. Die Gegenüberstellung von Plankosten und Istkostenanfall hat die Abweichungen nach den einzelnen Kostenarten aufzuzeigen. Auch bei der Kostenstelle, bei der erwartete Kosteneinsparungen aus geplanten Kostensenkungsaktivitäten nicht eingetreten sind, sind die Abweichungen besonders kritisch zu betrachten.

Die Unternehmensplanung lebt nicht allein von der Zusammenstellung der Zielvorgaben für einen bestimmten Zeitabschnitt. Sie lebt von der Zielverfolgung während des Jahres und von der Ermittlung und Analyse der Abweichungen von den Zielvorgaben. Die Abweichungsanalyse macht aus der Unternehmensplanung ein Führungsinstrument für das Management und erfordert daher einen hohen Aufwand bei der Erarbeitung durch das Controlling und eine sorgfältige Auswertung durch das Management.

70

7. Die Funktion der Berichterstattung als Controlling-Aufgabe im Einkauf

Die Informationskomponente als Steuerungsinstrument

Die in die Berichterstattung einmündenden Analysen im Controlling setzen sich mit den wirtschaftlichen Randbedingungen und mit der Entwicklung des Unternehmens im Berichtszeitraum auseinander. Ergänzt werden diese Analysen durch die Projektion der eingetretenen Entwicklung auf das Geschäftsjahresende aufgrund der vorhandenen Abweichungen gegenüber den Planvorgaben.

In den Stellenanzeigen für Einkäufer (siehe Seite 13) wird bei den beruflichen Erfahrungen auf das Forecasting – auf die Projektion zum Geschäftsjahresende – als Voraussetzung für eine erfolgreiche Tätigkeit im Einkauf hingewiesen. Unter Forecasting versteht man die Bewertung der jeweiligen Situation zum Ende eines Berichtszeitraumes und die Hochrechnung der eingetretenen Entwicklung auf das Jahresende. Zum Jahresende liegen die Planvorgaben des Budgets vor. Diese Planvorgaben bleiben – unabhängig von den Abweichungen während des Geschäftsjahres – unverändert als Zielfestlegungen bestehen. Das Forecasting soll aufgrund der tatsächlichen Entwicklung im Planjahr die zum Jahresende erwarteten Abweichungen zu den Zielfestlegungen des Budgets aus der jeweiligen Sicht des konkreten Monatsabschlusses aufzeigen. Das Forecasting kann daher auch zu jedem Monatsabschluß zu neuen Erkenntnissen führen.

Die Projektion auf das „Voraussichtliche Ist" soll das Management Monat für Monat auf die zum Zeitpunkt der Berichterstattung erkennbaren Zielverfehlungen rechtzeitig hinweisen. Das bedeutet, daß der Informationsfluß sofort nach dem Eintritt entscheidender Veränderungen einzusetzen hat. Die Vorschau auf das Jahresende zu jedem Monatsabschluß aktualisiert demnach die Erkenntnisse über die erreichbaren Vorgaben und stellt ein entscheidendes Instrument in der Hand des Managements dar.

Die Unternehmensplanung selbst als Festschreibung der Ziele im Geschäftsjahr, die Abweichungsanalysen im Jahresablauf sowie die Projektion auf das Geschäftsjahresende finden ihren Niederschlag in der Informationskomponente. Eine auf erreichbare Zielvorstellungen ausgerichtete Planung als Meßlatte für das erreichte Ist bedarf der Berichterstattung, welche

– eine möglichst zeitnahe und
– eine auf die wesentlichen Daten beschränkte Information

zum Gegenstand hat.

Diese so verstandene Informationskomponente liefert nicht nur die Grundlage für Managemententscheidungen zur Beeinflussung der weiteren Entwicklung im Geschäftsjahr, sie bildet auch die Grundlagen für den nächsten Planungsschritt.

Im Einkauf betreffen diese Grundlagen die Erkenntnisse über die mengen- und wertmäßige Entwicklung des Materialeinsatzes und des Materialzuganges sowie die

Erkenntnisse über den Kosteneinsatz im eigenen Kostenstellenbereich. Die Informationskomponente besteht somit aus den Teilaussagen hinsichtlich

− der Darstellung des Ist,
− der Gegenüberstellung von Plan und Ist,
− der Darstellung des voraussichtlichen Ist zum Geschäftsjahresende und
− der Gegenüberstellung von Budget und voraussichtlichem Ist.

Die Berichterstattung zum Materialgeschehen hat alle jene Daten zu erfassen, welche einen wesentlichen Einfluß auf die Entwicklung zum gegenwärtigen Stichtag haben oder auf die zukünftige Entwicklung haben können. Daß dabei ergänzend auch auf die Entwicklung des Vorjahres oder auf vergleichbare Entwicklungen in einzelnen Monaten des laufenden Geschäftsjahres zurückgegriffen werden muß, ergibt sich aus der Notwendigkeit, die Aussagen der Berichterstattung zu bestimmten Vorgängen zu vertiefen.

Materialkosten − Materialzugang

Der Einkauf hat die Optimierung des Materialeinsatzes sicherzustellen. Seine Aufgabe bezieht sich auf

− die rechtzeitige,
− die qualitätsgerechte und
− die preiswürdige

Bereitstellung der vorgegebenen Mengen.

Der Materialkosteneinsatz ist ein Ausdruck des Rechnungswesens und unterscheidet sich vom Materialzugang durch den Zeitablauf. Zwischen dem Materialzugang und dem Materialkosteneinsatz liegt die Bevorratung, die sich zum Teil über Tage, Wochen oder auch über Monate erstrecken kann.

Je größer die Zeitspanne ist, für welche die Bevorratung ausreicht, um so größer wird die zeitliche Diskrepanz zwischen dem Materialzugang und dem Materialkosteneinsatz im gleichen Geschäftsjahr. Unterstellt man die extreme Situation einer Bevorratung von einem vollen Geschäftsjahr, dann müßte das im Plan vorgesehene Beschaffungsvolumen des Einkaufs nicht für die Versorgung des kommenden Planjahres, sondern für den Bedarf des folgenden Geschäftsjahres bereitstehen. Das bedeutet, daß die vom Einkauf erwarteten Bruttoverteuerungen und die vom Einkauf zu erzielenden Einkaufspreiserfolge und sonstigen Kostensenkungsaktivitäten keine Auswirkungen in der Kostenrechnung des Planjahres, sondern erst in der Kostenrechnung des Folgejahres hätten.

Umgekehrt wäre bei einem bestandslosen Materialfluß durch das Unternehmen der Materialzugang des Planjahres identisch mit dem Materialeinsatz. In diesem Fall würden die vom Einkauf vorgegebenen Daten für die Bruttopreisverteuerung und für die Ergebnisse der Kostensenkungsaktivitäten des Einkaufs genau auf den Materialkosteneinsatz ausgerichtet sein und diesem entsprechen.

Im betrieblichen Rechnungswesen kommen, wie sich dies aus den bisherigen Ausführungen ergibt, die Bemühungen des Einkaufs um die Optimierung des Materialeinsatzes erst mit der Zeitverzögerung der vorhandenen Bestände zum Ausdruck, da Verbesserungen oder Verschlechterungen hinsichtlich der Preisgestaltung bei der Materialbeschaffung erst über den Materialkosteneinsatz in der Leistungsrechnung relevant werden.

Eine praktische Bedeutung hat die Unterscheidung von Materialzugang und Materialkosteneinsatz für die Berichterstattung, sowohl für die Planung als auch für die Istkostenerfassung. Bei der Materialberichterstattung muß grundsätzlich von zwei unterschiedlichen Zielrichtungen ausgegangen werden:

- von der Berichterstattung über den Materialzugang im Rahmen der Beschaffungsaktivitäten,
- von der Berichterstattung über den Materialkosteneinsatz im Rahmen des Gesamtkosteneinsatzes.

Die Berichterstattung über den Materialzugang im Laufe des Geschäftsjahres und die Gegenüberstellung zu den Planwerten bereitet keine Schwierigkeiten. Sowohl bezüglich der Mengen- als auch bezüglich der Werteveränderungen sind die Istzahlen gegenüber der Planung eindeutig zu bestimmen. Die erwarteten und die eingetretenen Bruttopreisverteuerungen, die geplanten und die erreichten Kostensenkungen sind vom Einkauf für die Planung vorgegeben und vom Einkauf im Ist zu erfassen.

Nicht so eindeutig ist die Situation bei der Berichterstattung über den Materialkosteneinsatz in bezug auf die Zuordnung der Istkostenabweichungen zu den einzelnen Beeinflussungskomponenten. Die Grundlagen für die Planung liefert der Einkauf. Seine Erkenntnisse über die zu erwartenden Preisveränderungen, sowohl hinsichtlich der Bruttopreisverteuerungen als auch hinsichtlich der Kostensenkungen, sind ein Bestandteil der Budgetansätze für die Materialkostenentwicklung. Diese Erkenntnisse betreffen aber – wie bereits ausgeführt – den erwarteten Materialzugang.

Bei der Analyse der Abweichungen des Istkostenanfalles gegenüber den Planvorgaben muß gleichfalls auf die Erkenntnisse des Einkaufs zurückgegriffen werden. Diese Erkenntnisse beziehen sich aber auf den Materialzugang und nicht auf das in die Kostenrechnung einfließende Material. Weicht also infolge eines hohen Bestandes der Materialkosteneinsatz vom Materialzugang wesentlich ab, so können sich bei der Abweichungsanalyse des Materialkosteneinsatzes im Rahmen der Berichterstattung Ungenauigkeiten ergeben.

Vernachlässigt werden kann allerdings der Fehler, der sich aus der Tatsache ergibt, daß für die Abweichungsanalyse des Materialkosteneinsatzes die Erkenntnisse des Einkaufs verwendet werden, die sich nicht auf den Materialkosteneinsatz, sondern auf den Materialzugang beziehen. Weder für die Vorgaben in der Planung noch für die Abweichungsanalyse stehen Erkenntnisse außerhalb des Einkaufs zur Verfügung.

Informationskomponente für wen?

Es wurde bereits mehrfach auf die Entscheidungsfindung durch das Management verwiesen, die sich aus der Berichterstattung ableitet und in den dort erarbeiteten Aussagen ihre Grundlagen hat.

Die Berichterstattung ist in erster Linie zielgerichtet ein Management-Informations-Instrument und daher auf die Belange des Managements auszurichten.

In zweiter Linie dient die Berichterstattung dem Informationsbedürfnis im eigenen Bereich. Für den Einkauf ist die Berichterstattung eine Meßlatte zur Beurteilung der eigenen Leistungsfähigkeit, zur Überprüfung von Zielerreichung und Zielverfehlung. Nicht nur die Geschäftsleitung benötigt Informationen als Steuerungsinstrument im Unternehmen, auch die Verantwortungsträger im Materialbereich benötigen die monatliche Rechenschaftslegung als Ausrichtung für einzuleitende Maßnahmen.

Schließlich sind die Zusammenstellung von Istzahlen, die Gegenüberstellung von Zielvorgaben und Istzahlen und die in der Berichterstattung zum Ausdruck kommenden Abweichungsanalysen die Grundlage für zukünftige Zielvorgaben im nächsten Planungsschritt.

Daraus wird der Zusammenhang der drei Controlling-Komponenten deutlich. Die Planung, die Analyse und die Berichterstattung bilden einen geschlossenen Kreislauf. Die Aussagen der Planung liefern auf der einen Seite die Grundlage für die Analysen und gehen auf der anderen Seite in die Berichterstattung als Zielvorgaben ein. Die Istzahlen aus der Berichterstattung bilden die Grundlagen für die Analysen und dienen als Basis für den nächsten Planungsschritt. Schließlich sind die Analysen ein wesentlicher Bestandteil der Berichterstattung und eine Grundlage für die Ermittlung erreichbarer Zielvorgaben.

Die Informationskomponente dient demnach dem Management und den Verantwortungsträgern in den Bereichen

– als Steuerungsinstrument und
– als Grundlage für die zukünftigen Zielfestlegungen.

Die wesentlichen Daten der Berichterstattung

Die Informationen sind zeitnah anzubieten, und sie müssen sich auf die wesentlichen Aussagen beschränken. Nicht eine möglichst reichhaltige Zusammenfassung aller erreichbaren Daten zeichnet eine effiziente Berichterstattung aus. Zeitnah ist eine Berichterstattung, wenn sie möglichst unmittelbar nach dem Ablauf des Berichtsabschnittes vorgelegt werden kann. Entscheidungen zur Beeinflussung der weiteren Entwicklung werden um so erfolgreicher sein, je näher sie an dem Vorgang einsetzen, über dessen Auswirkungen berichtet wird.

Die zeitnahe Information erfordert die laufende und unmittelbare Erfassung der Daten und die Aufbereitung dieser Daten in einer Form, die einen direkten Zugriff sicherstellt.

Voraussetzung für eine effiziente Berichterstattung auf der Grundlage ausgewählter Daten ist eine Selektion bezüglich

– des Datenaufrisses in der Detaillierung nach den wesentlichen Materialgruppen und
– des Datenaufrisses in einer entsprechenden zeitlichen Gliederung.

Die Differenzierung nach Materialgruppen ermöglicht eine Eingrenzung der Problemfelder bei der Mengen- und Wertebetrachtung, denn die im Unternehmen eingesetzten Materialgruppen entwickeln sich sowohl in bezug auf den Bedarf als auch in bezug auf die Preisgestaltung sehr unterschiedlich. Die monatliche Erfassung der Istdaten und die daraus abgeleitete Abweichungsanalyse verlangt selbstverständlich eine differenzierte Gliederung der Planung nach Monaten, da sonst eine Abweichungsanalyse nicht durchgeführt werden kann.

Die Wertebetrachtung in der Berichterstattung erfordert eine Verfolgung des Preisniveaus während des Geschäftsjahres. Dies ist nicht nur eine Basis für die Abweichungsanalyse zur Erläuterung auftretender Zielverfehlungen. Es ist auch eine Grundlage für die eigene Preispolitik des Vertriebs. Das im Ist ausgewiesene Preisniveau und die gegenüber der Planung auftretenden Abweichungen geben der Unternehmensleitung Hinweise auf Marktveränderungen, die in der Planung nicht erfaßt wurden. Die differenzierte Betrachtung des Preisniveaus nach den verschiedenen Materialgruppen gibt Aufschluß über eventuell notwendig werdende Anpassungen des Preisniveaus der eigenen Produktpalette zur Erhaltung der Wettbewerbsfähigkeit. Ein solcher Rückschluß erfordert aber auch eine Zuordnung der wichtigsten Materialpositionen in den einzelnen Materialgruppen zu den Produkten der eigenen Produktpalette. Aus dieser Zuordnung können umgehend Entscheidungen bei der eigenen Preispolitik getroffen werden.

Bei der Darstellung des Preisniveaus in der Berichterstattung genügt nicht nur die Erfassung und Verfolgung der Nettopreisveränderungen. Bei den Ausführungen über die Planung des Materialkosteneinsatzes wurde auf die Notwendigkeit der Ermittlung dieser Veränderungen in Teilschritten hingewiesen. Die Abweichungsanalyse in der Berichterstattung hat die Mengen- und Wertveränderungen im laufenden Geschäftsjahr im einzelnen aufzuzeigen. Sie gibt damit dem Management ein operatives Instrument in die Hand, mit dem gezielt auftretenden Zielverfehlungen nachgegangen werden kann. Mit der detaillierten Darstellung der Mengenveränderungen, der Bruttopreisveränderungen und der einzelnen Kostensenkungsaktivitäten ergeben sich entsprechende Einflußmöglichkeiten auf die weitere Entwicklung des Materialkostenniveaus durch das Management.

Bei der Darstellung des Preisniveaus in der Berichterstattung wird zum Teil mit unterschiedlichen Basiszahlen gearbeitet. Es gibt Einkaufsverantwortliche, die von der einkaufwirksamen Preisveränderung, andere, die von der niveauwirksamen Preisveränderung ausgehen. Auf die unterschiedlichen Aussagen dieser beiden Begriffe wurde bereits in dem vorhergehenden Abschnitt ausführlich eingangen. Für die Berichterstattung über das Preisniveau ist der einkaufswirksamen Preisveränderung eindeutig der Vorzug zu geben, da nur mit dem Ausweis dieser Preisveränderung ein Vergleich mit den Plansätzen durchgeführt werden kann.

Es wurde darauf hingewiesen, daß die Abweichungsanalyse der Istkosten in der Berichterstattung nach den Teilschritten durchzuführen ist, die auch bei der Planung der Brutto- und der Nettoverteuerung durchgeführt werden. Eine in der Berichterstattung ausgewiesene Abweichung von 3 Mio DM bei einem geplanten Materialeinsatz von 70 Mio DM in der Zeit von Januar bis Oktober eines bestimmten Geschäftsjahres gibt zunächst mit dem Ausweis dieser Abweichung keinerlei Hinweise auf die Gründe und keinerlei Hilfestellung für das Management in bezug auf einzuleitende Aktivitäten.

Die Abweichung von 3 Mio DM kann ihre Ursachen aus folgenden unterschiedlichen Vorgängen ableiten:

— Abweichung aus mehr Umsatz gegenüber der Planung und entsprechend höherem Materialeinsatz,
— Abweichung aus Strukturveränderungen gegenüber der Planung, beispielsweise aufgrund eines höheren Umsatzanteiles für eine neue Produktserie mit einem höheren Materialinhalt,
— Abweichung aus dem Produktmix gegenüber der Planung, beispielsweise wegen eines höheren Umsatzanteiles einer Produktgruppe mit einem hohen Materialanteil,
— Abweichung wegen höherer Preisverteuerungen der Lieferanten, als im Plan angenommen war,
— Abweichung wegen Nichterreichung der im Plan unterstellten Kostensenkungsziele.

Daraus wird deutlich, daß die Informationskomponente im Einkauf eine intensive Auseinandersetzung mit den Plan- und Istzahlen zur Voraussetzung hat. Im Sinne einer Controlling-Aufgabe in der Beschaffung sind die stereotypen Einkaufsberichte, die zum Teil auch heute noch Monat für Monat in den Einkaufsabteilungen erstellt werden, nur eine Anhäufung von Zahlen. Zur Unterrichtung des Managements über die Vorgänge im wichtigsten Kostenbereich des Unternehmens sind differenzierte Aussagen als Grundlage von Managemententscheidungen notwendig. Daß für qualifizierte Aussagen zu den Abweichungsanalysen und für die Erstellung der Berichterstattung entsprechend qualifizierte Mitarbeiter notwendig sind, ergibt sich aus der Aufgabenstellung des Controlling.

Während sich die reine Einkaufsberichterstattung auf die Dokumentation des Einkaufsgeschehens beschränkt, muß im Rahmen des Controlling im Einkauf die Berichterstattung Unterlagen zu den Problemkreisen liefern, die als Gründe für die Abweichungen des Mengen- und Werteinsatzes gegenüber dem geplanten Materialkosteneinsatz genannt worden sind.

Die Informationskomponente des Controlling im Einkauf hat die Entwicklungen, die Einflüsse und die Ergebnisse sowie die Kennzahlen aus dem Beschaffungsbereich so aufzuzeigen, daß Konsequenzen gezogen und erforderliche Maßnahmen eingeleitet werden können. Noch einmal sei darauf hingewiesen, daß dazu ein einmaliger Bericht am Jahresende als Rechtfertigung der Einkaufsaktivitäten nicht ausreicht. Der monatliche Hinweis auf Verbesserungsmöglichkeiten, auf Zielverfehlungen und auf bestimmte Problemfelder sichert das Unternehmen vor Überraschungen.

Die Form der Berichterstattung

Die Schwerpunkte einer Berichterstattung über das Materialgeschehen und die Aussagefähigkeit der Berichtskomponente im Einkauf wird in den Abbildungen 12 und 13 dargestellt. Abbildung 12 bezieht sich auf die Berichterstattung über

- den Materialzugang im Berichtszeitraum
  unterteilt nach Fertigungsmaterial, sonstiges Material, Investitionen und kurzlebige Wirtschaftsgüter
- und die besonderen Vorkommnisse in bezug auf den Materialzugang im Berichtszeitraum bzw. in bezug auf die zukünftige Materialversorgung.

Der Materialzugang wird in Abbildung 12 für den Berichtsmonat selbst und für die aufgelaufenen Monate des Geschäftsjahres dargestellt. Die Abweichung zu den

Einkaufsberichterstattung						Juni 1986
	Juni	Januar–Juni			Geschäftsjahr	
	Ist	Plan	Ist	Ab-weich.	Budget	Vor. Ist
I. Materialzugang 1. Fertigungsmaterial Materialgruppe 1 Materialgruppe 2 Materialgruppe 3 Materialgruppe 4 Materialgruppe 5 Materialgruppe 6 usw.						
2. Sonstiger Material-zugang						
3. Investitionen						
4. Kurzlebige Wirt-schaftsgüter						
II. Besondere Vorkommnisse						

Abb. 12: Berichterstattung zur Materialbeschaffung

Abweichungsanalyse			Gründe		Juni 1986
Mengen- und Werte-abweichungen	Abwei-chung	Volumen-änderung	Verteu-erung	Kosten-senkung
Materialgruppe 1				
Materialgruppe 2				
Materialgruppe 3				
Materialgruppe 4				
Materialgruppe 5				
Materialgruppe 6				
usw.				
Kostensenkungsaktivitäten	Plan	Ist		Abweichung
Rationalisierung				
Wertanalysen				
Einkaufserfolge				
Summe				

Abb. 13: Abweichungsanalyse zur Materialbeschaffung

Planvorgaben wird in dieser Darstellung auf die aufgelaufene Periode bezogen. Dies hat Vorteile, da zufällige Schwankungen in den einzelnen Monaten ausgeklammert werden. Solche außerordentlichen Schwankungen sind beim Materialzugang durchaus möglich und hängen zum Teil mit der Bestellabwicklung, zum Teil mit den Liefermöglichkeiten zusammen.

Das Materialvolumen ist nach den einzelnen Materialgruppen aufgegliedert, um die Entwicklungstendenzen gezielt ansprechen zu können.

Bei den besonderen Vorkommnissen liegen Schwerpunkte der Berichterstattung bei Teilproblemen, wie

– der Qualität der angelieferten Ware,
– der Terminsituation, vor allem bei kritischen Zulieferpositionen,
– der Zuverlässigkeit einzelner Lieferanten hinsichtlich deren Bonität und deren Innovationsfähigkeit,
– der Erschließung neuer Ressourcen,
– den Hinweisen auf Gegengeschäftsmöglichkeiten.

Qualitätsprobleme durch Vorgänge bei Lieferanten sind sowohl bezüglich der Anlieferqualität als auch der Langzeitqualität darzustellen. Auf Terminschwierigkeiten ist in der Berichterstattung sowohl bei vorhandenen Problemen mit einzelnen Lieferanten als auch bei erkennbaren Problemen für die zukünftige Versorgung einzugehen. Schließlich ist auch die Berichterstattung auf Verhandlungen über wesentliche Projekte auszudehnen.

Abbildung 13 zeigt die Abweichungsanalyse als Ergänzung zu Abbildung 12. Die in Abbildung 12 ausgewiesene Abweichung je Materialgruppe wird übernommen und auf die wesentlichen Ursachen aufgegliedert. Die Aufgliederung betrifft die mengen- und wertabhängigen Abweichungsgründe. Daraus ergeben sich die Abweichungen hinsichtlich

- veränderter Volumen,
- veränderter Verteuerungen und
- veränderter Kostensenkungsergebnisse.

Die Kostensenkungen, die vom Einkauf zu verantworten sind, werden im zweiten Teil dieser Abweichungsanalyse im einzelnen dargestellt. Die Planvorgaben, die Ist-zahlen und die sich daraus ergebenden Abweichungen werden aufgezeigt und geben Hinweise auf die Notwendigkeit verstärkter Aktivitäten bei den einzelnen Maß-nahmen.

8. Controlling im Einkauf – Bestände-Controlling

Zu den gestaltenden Tätigkeiten im Einkauf gehören unter anderem auch die Bemühungen, die Vorräte zu optimieren. Die Möglichkeiten des Einkaufs zur Bestandsbeeinflussung ergeben sich

- bei der Disposition,
- bei der Gestaltung der Lieferverträge und Lieferbedingungen und
- bei der Auswahl des Lieferantenkreises.

Der Einkauf kann nur ein Teilgebiet des gesamten Bestandes direkt beeinflussen: die Bezugsteile und die Roh-, Hilfs- und Betriebsstoffe. Darüber hinaus reicht der indirekte Einfluß des Einkaufs bis zu den Vertriebsbeständen. Fehler bei der Auswahl der Lieferanten, deren Qualität, deren Liefertreue oder Lieferzuverlässigkeit den Anforderungen des Unternehmens nicht voll entsprechen, können Bestandsauswirkungen nicht nur bei den unfertigen Erzeugnissen nach sich ziehen.

Controlling im Einkauf wird hinsichtlich der Optimierung der Vorräte zu einem Bestandteil des Bestände-Controlling im Unternehmen. Die Zielsetzungen der Aufgaben in diesem Teilbereich sind identisch. Mit Hilfe der Controlling-Funktionen soll die Relation von Umsatz und Bestandsausweis beeinflußt werden. Die Verbesserung der Umschlagshäufigkeit des Kapitals soll durch eine Reduzierung des in die Vorräte investierten Vermögens erreicht werden.

Die Möglichkeiten des Einkaufs zur Bestandsbeeinflussung über die dispositiven Maßnahmen betreffen die Probleme der Schaffung oder Vermeidung von Sicherheitsbeständen, die Frage nach der optimalen Einkaufslosgröße und die Abstimmung mit den Bedarfsträgern im Unternehmen zur Verbesserung des Materialflusses.

Große Möglichkeiten bieten sich dem Einkauf bei der Bestandsbeeinflussung über die Gestaltung der Lieferverträge und der Lieferbedingungen. Die Erziehung der Lieferanten zur absoluten Termingenauigkeit bei der Vereinbarung von Anliefertermen vermeidet durch zu früh oder zu spät eintreffende Sendungen Bestandsüberschreitungen. Durch zu frühe Anlieferungen ergeben sich für das eigene Unternehmen Schwierigkeiten auch dann, wenn die Fakturierung entsprechend der vorgegebenen Termine erfolgt. Die Wareneingangskontrolle und die Qualitätsprüfung der angelieferten Mengen blockieren Lagerflächen und Arbeitsgänge zu einem Zeitpunkt, zu dem diese Arbeitsgänge nicht vorgesehen sind. Die wesentlich größeren Einflüsse auf die Vorratshaltung ergeben sich allerdings bei verspäteten Anlieferungen. Fehlteile durch verspätete Anlieferungen können zu Fertigungsverzögerungen, Fertigungsunterbrechungen und unter Umständen auch zu Verzögerungen bei der Auslieferung der eigenen Erzeugnisse führen.

Einflüsse auf die Bestandshöhe können sich auch aufgrund der Verantwortung des Einkaufs bezüglich eines qualitativ einwandfreien Materialzuganges ergeben. Ausschuß und Fehlteile infolge qualitativer Mängel bringen Schwierigkeiten beim Materialfluß und entsprechende Bestandsauswirkungen. Zusätzliche Prüfvorgänge und Fehlerbeseitigungskosten stören den Materialfluß und erhöhen den Bestand an unfertigen Erzeugnissen. Der Einkauf hat bei der Auswahl der Lieferanten und bei der Abfassung der Lieferverträge nicht nur das Niveau der Anlieferqualität, sondern auch das Niveau der Langzeitqualität zu beachten.

Den stärksten Einfluß auf die Bestandshöhe kann der Einkauf gemeinsam mit der Fertigungssteuerung bei der Vereinbarung von zeitgenauen Anlieferungen für bestimmte Bedarfspositionen oder für alle wesentlichen Positionen ausüben. Die zeitgenaue Anlieferung, die in der Automobilindustrie schon lange zu einem festen Bestandteil der Liefervereinbarungen geworden ist, sieht eine auf den Tag und die Stunde festgelegte Anlieferung der Bedarfspositionen vor, so daß der Materialeinsatz in der Fertigung direkt vom LKW des Lieferanten oder vom Bahnbehälter erfolgen kann. Vermieden wird dabei die Lagerabwicklung, das heißt der körperliche Durchfluß durch das Lager des Unternehmens. Voraussetzung einer solchen Liefervereinbarung ist die Anlieferung qualitativ einwandfreier Teile, die absolute Lieferzuverlässigkeit und Liefertreue des Lieferanten und die Vorratshaltung eines Sicherheitsbestandes beim Lieferanten. Dieser Sicherheitsbestand garantiert auch dann noch eine einwandfreie Belieferung, wenn sich durch Ausfälle beim Unternehmen oder durch Transportprobleme bei der Anlieferung ein zusätzlicher Bedarf ergibt. Die zeitgenaue Anlieferung setzt den Einbezug des Lieferanten in den Informationsfluß des Unternehmens voraus, soweit sich diese Informationen auf den zeitlichen und mengenmäßigen Materialeinsatz beziehen.

Die Möglichkeit der Bestandsreduzierung durch die zeitgenaue Anlieferung bringt für das Unternehmen eine zusätzliche Abhängigkeit von der reibungslosen Materialbeistellung durch den Lieferanten. Produktionsausfälle beispielsweise durch Tarifauseinandersetzungen schlagen bei dem Unternehmen wegen des Fehlens einer eigenen Lagerkapazität sehr viel schneller durch. Dies wurde bei der Tarifauseinandersetzung in der Metallindustrie im Frühjahr 1984 deutlich.

Die zeitgenaue Anlieferung ist nicht nur für die Automobilindustrie eine große Chance zur Optimierung der Bestände. Auch andere Industriezweige haben diese Möglichkeiten erkannt und nützen sie zum Teil nur für einzelne, besonders wichtige A-Positionen oder auch für das gesamte Zulieferspektrum. Ein Beispiel aus der Elektroindustrie wird im Zusammenhang mit der Darstellung des Bestände-Controlling im Einkauf (10, S. 67 ff.) ausführlich beschrieben. In diesem Fall geht es um die Fertigung von Fernsehröhren. Zur Vermeidung von Investitionen für weitere Lagerflächen wurde in einem bedeutenden Werk die A-Position des Zulieferbedarfs – der Glaskolben – von einem Vorrat von drei Wochen auf einen Bestand von drei Arbeitstagen zurückgeführt. Die Fertigung konnte trotz dieser einschneidenden Bestandsreduzierung in einem Dreischichtbetrieb reibungslos weitergeführt werden. Die Einsparung von Kapitalkosten durch die Bestandsreduzierung und durch die Vermeidung von Investitionen für weitere Lagerflächen standen in keinem Verhältnis zu dem notwendigen Mehraufwand durch einen sehr viel engeren Kontakt zu den Lieferanten und einen sehr viel intensiveren Informationsfluß zu diesen. Der Informationsfluß bezieht sich nicht nur auf die laufende Berichterstattung über die Fertigungsplanung, sondern auch über alle Veränderungen und Ergänzungen der einmal eingeplanten Mengen und Termine. Insoweit entsteht über die zeitgenaue Anlieferung ein verändertes Verhältnis zu den Hauptlieferanten, von dem bereits in Abschnitt 2 (Seite 20 f.) die Rede war.

Die zeitgenaue Anlieferung ist zumindest zum Teil eine Verlagerung des Sicherheitsbestandes zu Lasten des Lieferanten. Er übernimmt diese Verantwortung im Interesse einer kontinuierlichen und dauernden Geschäftsverbindung.

Die Verlagerung der Bestände in die Verantwortung des Lieferanten erfolgt auch bei der Vereinbarung eines Konsignationslagers und eines Vertragslagers. In beiden Fällen ist es der Einkauf, auf dessen Initiative diese Möglichkeiten zur Bestandsreduzierung wahrgenommen werden.

Bei der Einrichtung eines Konsignationslagers wird in den Räumen des Unternehmens ein fest umrissener Bereich einem Lieferanten zur Verfügung gestellt, in dem dieser die Zulieferpositionen bereithält. Die Ware bleibt in der Verfügungsgewalt des Lieferanten und wird daher auch in den Büchern des Lieferanten geführt. Erst bei der Auslieferung aus dem Konsignationslager aufgrund eines auftretenden Bedarfs werden die entnommenen Positionen fakturiert. Die Vorratshaltung ist damit auf den Lieferanten abgewälzt. Der Vorteil für das Unternehmen liegt in der Einsparung der Kosten für die Vorratshaltung in diesem Teilbereich. Daß damit allerdings eine zusätzliche Abhängigkeit von diesem Lieferanten und in gewissem Umfang auch von dessen Preispolitik entsteht, ist die Motivation für den Lieferanten, die Bestandsverantwortung zu übernehmen. Die Errichtung eines Konsignationslagers entlastet das Unternehmen nur von einem Teil der mit der Bevorratung zusammenhängenden Kosten, denn auch die Lagerflächen und die Ein- und Auslagerungen sind ein Teil der Aufwendungen für die Vorratshaltung. Diese Kosten können bei der Einrichtung eines Konsignationslagers nicht vermieden werden. Besondere Schwierigkeiten bei der Abwicklung eines Konsignationslagers entstehen, wenn ein Teil der bereitstehenden Positionen zu Ladenhütern wird, da Bedarfsänderungen zu einer Umstellung des eigenen Fertigungsbedarfs führen. Der Lieferant erwartet eine zügige Abnahme der im Konsignationslager vorrätigen Teile.

Auf die Vermeidung sämtlicher Kosten für die Bevorratung zielen die Vereinbarungen von Vertragslägern in den Räumen des Lieferanten. Diese Vereinbarung sieht die Bevorratung von bestimmten Lieferpositionen beim Lieferanten vor, auf die jedoch nur das Unternehmen selbst bei einem auftretenden Bedarf zurückgreifen kann. Die Lieferfirma verpflichtet sich zu der Bevorratung einer bestimmten Menge je Lieferposition und muß bei Auslieferungen die Fehlmenge umgehend ersetzen. Für die Lieferfirma ergibt sich aus dieser Vereinbarung eine zusätzliche Abnahmegarantie, da das Unternehmen auf eine Sofortbelieferung aus Vorrat eingestellt ist und notwendige Lieferzeiten anderer Lieferanten nicht akzeptieren kann. Für das Unternehmen ergeben sich durch ein Vertragslager wesentliche Kosteneinsparungen hinsichtlich der Vorratshaltung und hinsichtlich der Möglichkeit, die Lagerflächen zu reduzieren. Die Einsparung der Kosten gegenüber der nicht quantifizierbaren größeren Abhängigkeit von einem bestimmten Lieferanten muß laufend über eine genaue Marktbeobachtung überwacht werden.

Gegenüber einem Konsignationslager, über dessen Bestand und Bewegungen das Unternehmen jederzeit einen Überblick hat, können sich bei einem Vertragslager Nachteile bezüglich der Qualitäts- und der Mengenüberwachung ergeben. Der Qualitätsstandard der im Konsignationslager vorhandenen Materialpositionen ist sehr viel leichter sicherzustellen, ebenso das Vorhandensein der vereinbarten Mengen.

Der Einkauf ist nicht nur für die rechtzeitige, preiswürdige und qualitätsgerechte Bereitstellung des Materialeinsatzes verantwortlich. Seine Verantwortung erstreckt sich auch auf die Vorratshaltung, soweit er mit seinen Maßnahmen die Bestände beeinflussen kann. Wie eng der Zusammenhang zwischen Einkauf und Vorratshaltung ist, ergibt sich allein aus der Tatsache, daß die Höhe des jeweiligen Einkaufspreisniveaus auch das wertmäßige Bestandsniveau mitbestimmt.

Controlling im Einkauf ist daher hinsichtlich der Vorräte ein Teil des Bestandscontrolling im Unternehmen.

9. Die Datenverarbeitung als Controlling-Instrument zur Optimierung der Einkaufsaktivitäten

Verbesserung der Arbeitseffektivität durch die Datenverarbeitung

Drei Gründe sprechen für die Notwendigkeit zur Erhöhung der Arbeitseffektivität im Einkauf:

- der zunehmende Informationsbedarf durch die Einbindung des Einkaufs in die Strukturen eines modernen Managements,
- die Zunahme des Materialvolumens aufgrund der Strukturveränderungen des Kosteneinsatzes im Umsatz,
- die höheren Anforderungen an die Qualifikation der Tätigkeit im Einkauf.

Der zunehmende Informationsbedarf ergibt sich aus der Notwendigkeit, die Controlling-Komponenten in diesem Funktionsbereich zu verstärken. Das Führungsinstrument der Unternehmensplanung muß im Einkauf voll zur Geltung gebracht werden, um fundierte Zielvorgaben in die Projektion des Planjahres für das Material, den wichtigsten Kostenfaktor, aufzunehmen. Die analytische Komponente und die Berichterstattung müssen auf einen gezielten und laufend aktualisierten Informationsfluß zurückgreifen. Diese höheren Anforderungen verursachen einen zusätzlichen Arbeitsaufwand, zu dessen Bewältigung die Datenverarbeitung eingesetzt werden muß.

Das zusätzliche Materialvolumen, auf dessen Gründe schon im ersten Abschnitt ausführlich eingegangen wurde, führt zu einer zusätzlichen Arbeitsbelastung für den Einkauf. Dieser höhere Aufwand darf zu keiner zusätzlichen Kostenbelastung in Form eines steigenden Personalbedarfs führen. Im Gegenteil. Die Kostensenkungspotentiale auf dem Gebiet der Lohnkosten sind weitgehend ausgeschöpft beziehungsweise schrumpfen bei dem zurückgehenden Kostenanteil des Lohnes an den Gesamtkosten. Die zukünftigen Reserven auf dem Gebiet der Kostensenkungsaktivitäten liegen beim Materialeinsatz und beim Einsatz für den Kostenbereich der Beschaffung. Der höhere Arbeitsaufwand kann daher nur durch den verstärkten Einsatz der Datenverarbeitung aufgefangen werden.

Schließlich verlangen die höheren Qualitätsanforderungen an die Tätigkeit im Einkauf eine Verschiebung der Arbeitsbelastung von den verwaltenden zu den gestaltenden Aufgaben. Die Datenverarbeitung muß den Einkauf von den verwaltenden Aufgaben entlasten und damit zur höheren Qualifikation der Einkäufertätigkeit beitragen. Aber auch für die gestaltenden Aufgaben im Einkauf müssen die Grundlagen durch die Datenverarbeitung geschaffen werden. Während der Einsatz für die verwaltenden Tätigkeiten im wesentlichen eine Verlagerung von Routinearbeiten auf den Rechner bedeutet, ist die Unterstützung der gestaltenden Aufgaben von der Sammlung, Verarbeitung und Bereitstellung von Informationen abhängig, die einen hohen Aufwand bei der manuellen Abwicklung nach sich ziehen würden.

Voraussetzung für einen verstärkten Einsatz der Datenverarbeitung ist die Auseinandersetzung der Mitarbeiter im Einkauf mit den Möglichkeiten der modernen

Datentechnik. Nicht die von einer Organisationsabteilung entworfene und einge-
führte Neugestaltung der Informationsverarbeitung im Einkauf reicht aus. Der Einkauf muß selbst Kreativität entwickeln und eigene Vorstellungen für einen Ausbau
der Datenverarbeitung im Interesse eines verbesserten Informationsflusses, einer Verringerung der Arbeitsbelastung mit Routinearbeiten und im Interesse einer qualifi-
zierteren Aufgabenstellung im eigenen Funktionsbereich entwickeln.

Informationsbedürfnisse des Einkaufs

Eine Vielzahl von Daten und Informationen benötigt der Einkauf für seine tägliche
Arbeit. Dieser Informationsbedarf bezieht sich auf eine Fülle von Problemkreisen,
angefangen bei der Angebotseinholung bis zur Erfassung und Überprüfung des Eingangs der bestellten Ware. Im einzelnen müssen dem Einkauf Daten und Informationen zu folgenden Themenkreisen bereitgestellt werden:

- Beschaffungsmarketing,
  ausgerichtet auf den Lieferantenkreis,
- Bestellvorschläge,
  ausgerichtet auf Bestellpositionen,
- Bestellschreibung,
  ausgerichtet auf Bestellpositionen und Lieferanten,
- Bestellabwicklung,
  ausgerichtet auf Bestellpositionen und Lieferanten,
- Auftragsverfolgung,
  ausgerichtet auf Bestellungen,
- Rahmenverträge,
  ausgerichtet auf die mengenmäßige Erfüllung,
- Mengenentwicklung,
  Erfassung und Vergleich mit den Planvorgaben,
- Einkaufspreisentwicklung,
  Erfassung und Vergleich mit den Planvorgaben,
- Kostensenkungspotentiale,
  Unterstützung bei der Ermittlung dieser Potentiale,
- Kostensenkungsaktivitäten,
  Erfassung der Erfolge und Vergleich mit den Planvorgaben,
- Lieferantenbeurteilung,
  Erfassung wesentlicher Gesichtspunkte.

Das Beschaffungsmarketing ist ausgerichtet auf die Lieferantenpflege und auf die
Beschaffungsmarktforschung. Für die Lieferantenpflege müssen dem Einkauf Informationen über den Bestellwert bei den einzelnen Lieferfirmen aus den letzten zwei
bis drei Jahren und über den Bestellwert im laufenden Geschäftsjahr zur Verfügung
gestellt werden. Die Informationen aus dem laufenden Geschäftsjahr sollten mindestens halbjährlich, möglichst vierteljährlich, aktualisiert werden. Eine Aufgliederung
der Bestellwerte nach den Materialgruppen gibt eine größere Transparenz für Analy-

sen in bezug auf bestimmte Beschaffungssektoren. Die zusätzliche Erfassung der Werte von Gegengeschäften in den angesprochenen Zeiträumen ermöglicht eine Hilfestellung bei Preisverhandlungen des Einkaufs und bei Aquisitionen des Vertriebs. Die Lieferantenpflege im Rahmen des Beschaffungsmarketings verlangt einen aktuellen Informationsstand über den vorhandenen Lieferantenkreis, um eine Intensivierung bestehender Lieferantenverbindungen bzw. eine Ausweitung des Lieferantenkreises auf bestimmten Marktsegmenten zu erreichen. Ergänzt werden müssen diese Informationen durch die Lieferantenbeurteilung, auf die später näher eingegangen wird.

Die Unterstützung der Beschaffungsmarktforschung durch die Datenverarbeitung soll den Aufwand für die Anfragetätigkeit reduzieren und die Anfragetätigkeit beschleunigen. Der Aufwand für die Angebotseinholung durch die Auswahl von möglichen Anbietern, durch die Angebotseinholung selbst und die Angebotsprüfung bis zur Auswahl eines möglichen Zusatzlieferanten, erfordert einen sehr hohen Personalaufwand. Im einzelnen muß geprüft werden, inwieweit eine Abwicklung von Teilarbeiten durch den Rechner wirtschaftlich vertretbar ist.

Der Arbeitsaufwand bei der Bestellvorbereitung mit der Erfassung und Auswahl möglicher Lieferquellen, den erforderlichen Preisvergleichen und der Angabe von Mengen und Preisen aus den letzten Bestellungen kann zu einer Vorabauswahl der zweckmäßigsten Auftragsvergabe durch die Datenverarbeitung ausgebaut werden. Bestellvorschläge aus dem Rechner aufgrund gespeicherter Informationen können einen wesentlichen Beitrag zur Verkürzung der Phase für die Bestellvorbereitung leisten. Dabei ist allerdings darauf zu achten, daß die vom Rechner gelieferten Bestellvorschläge immer auf den gleichen Informationsstand zurückgreifen, wenn durch den Einkauf nicht ständig neue Daten über Lieferanten, Preise und Konditionen eingegeben werden. Geschieht dies nicht und werden immer nur aufgrund früherer Bestellungen die einmal übernommenen Informationen benützt, besteht das Risiko eines Einfrierens des einmal gewonnen Informationsstandes. Die Beschaffungsaktivitäten verlangen eine ständige Aktualisierung von Lieferquellen, Preisen und alternativen Technologien. Daher sollten die vom Rechner zur Verfügung gestellten Bestellvorschläge nur als Grundlage für die darauf aufbauenden Aktivitäten bei der Bestellvorbereitung verwendet werden. Zusätzliche Anfragen und Marktanalysen sichern die Wettbewerbsfähigkeit.

Die Hilfestellung der Datenverarbeitung bei der Bestellabwicklung betrifft sowohl die Bestellschreibung als auch die Auftragsverfolgung und die Speicherung der Daten für die Verwendung bei einem zukünftigen Informationsbedarf. Es geht um die Erfassung der Mengen, der Preise und der Konditionen. Die Datensammlung bezieht sich auf den beim Einkaufsmarketing erforderlichen Informationsstand. Die auf die einzelnen Bestellungen ausgerichtete Auftragsverfolgung soll den Arbeitsaufwand des Einkaufs in bezug auf die Termin- und Preisüberwachung bei den in Abwicklung befindlichen Aufträgen erleichtern. Teilschritte bei der Bestellabwicklung, wie die Überwachung der Terminbestätigung durch den Lieferanten, die Terminanmahnung wenige Tage vor dem festgelegten Auslieferungstermin, die Überwachung des tatsächlichen Eingangstermins beziehungsweise die Anmahnung bei Terminüberschreitung und schließlich die Auswertung der Terminzuverlässigkeit in der Datei für die Lieferantenbeurteilung können dem Rechner überlassen werden. Der Abgleich der Preisvereinbarung laut Auftragsbestätigung mit dem fakturierten Rechnungsbetrag sind Aufgaben für den Rechner, die zu einer Einsparung von Verwaltungsaufwand im Einkauf beitragen.

Bei der Abwicklung von Rahmenvereinbarungen ergibt sich ein erheblicher Arbeitsaufwand für verwaltende Tätigkeiten bei der Preis- und Mengenüberwachung. Der Abgleich der vereinbarten und der in Rechnung gestellten Preise und Rabattstaffeln bedeuten einen ebenso hohen Verwaltungsaufwand wie die Verfolgung der Liefermengen zur Überwachung der Vertragserfüllung. Die rechtzeitige Einleitung neuer Verhandlungen über Folgeverträge erfordert eine ständige Überwachung der bestehenden Abnahmeverpflichtung aus bestehenden Verträgen. Die Überwachung der Mengenerfüllung kann nicht nur dem Lieferanten überlassen werden. Die Vereinfachung der Auftragsabwicklung bei Rahmenvereinbarungen durch die einmalige Fixierung des Preises bei Vertragsabschluß darf nicht durch die manuelle Mengenerfassung zu einem zusätzlichen Aufwand durch verwaltende Tätigkeiten führen.

Die Aufgabenstellung des Controlling im Einkauf durch die Planung, die Analyse und die Berichterstattung soll den Funktionsbereich zu einer höheren Effizienz führen. Diese Aufgabenstellung verlangt die Erfassung der Mengen- und Preisabweichungen gegenüber den Zielvorgaben in der Planung. Für die Festlegung der Zielvorgaben und für den Vergleich der Istzahlen mit diesen Zielvorgaben sind

– die Mengen nach Materialgruppen,
– die Preisentwicklung nach Materialgruppen und
– die Kostensenkungserfolge nach den einzelnen Schwerpunkten der Kostensenkungsaktivitäten

zu erfassen. Eine Fülle von Informationen sind bei dieser Aufgabenstellung zu erfassen und zu verwerten. Eine manuelle Abwicklung scheidet selbst dann aus, wenn die Erfassung auf die wesentlichen Materialpositionen beschränkt wird.

Eine wesentliche Hilfestellung zur Entlastung des Einkaufs mit verwaltenden Tätigkeiten kann die Datenverarbeitung durch die Auswertung aller lieferantenbezogenen Informationen bezüglich der Lieferantenbeurteilung leisten. Aus der Auftragsverfolgung erkennbare Lieferzeitüberschreitungen, aus der Angebotsauswertung sich ergebende Preisvergleiche und aus Qualitätsbeanstandungen ergeben sich wesentliche Teilaussagen für die Beurteilung des eigenen Lieferantenkreises.

Die Datenverarbeitung stellt darüber hinaus bei der Ermittlung von Schwerpunktpositionen beziehungsweise bei der Ermittlung von Schwerpunktproblemen für den Einkauf eine wertvolle Hilfe dar. Beispiele dafür sind die Preisverfolgung im laufenden Geschäftsjahr, die Ermittlung der Kostensenkungserfolge oder die Auswahl von Positionen zur Verbesserung der Materialkostenproduktiviät. Mit Hilfe der ABC-Analyse können Problemfelder eingegrenzt werden, die eine gezielte Beeinflussung durch den Einkauf ermöglichen. Die Ausarbeitung einer ABC-Analyse ist aber bei einem Datenvolumen von zehntausend und mehr Materialpositionen ohne den Einsatz der Datenverarbeitung kaum durchführbar.

Ziel: Das Einkaufs-Informations-System

Die Einkaufstätigkeit lebt von der Verfügbarkeit aktueller Daten und Informationen über

- die Lieferanten und deren Lieferanteile,
- die Preise, Konditionen und Lieferbedingungen,
- die Materialpositionen und deren Bedeutung im Teilespektrum des Unternehmens,
- die Liefer- und Leistungsfähigkeit, sowie die Flexibilität der Lieferanten und
- die Bedarfsentwicklung.

Die Integration aller für die Beschaffung relevanten Daten und Informationen werden am zweckmäßigsten über ein geschlossenes Einkaufs-Informations-System realisiert. Voraussetzung für die Funktionsfähigkeit eines solchen Systems ist die Berücksichtigung folgender Gesichtspunkte:

- die laufende Aktualisierung des vorhandenen Datenvolumens in bezug auf die Lieferanten, die Preise und Konditionen sowie in bezug auf die Materialpositionen,
- die Möglichkeit jederzeitiger Abrufbarkeit der Daten
- und die systematische Gliederung der Informationen.

Ein solches Informationssystem über den Materialeinsatz und den Beschaffungsmarkt des Unternehmens hat folgende Zielsetzungen:

- die Verbesserung der Effizienz bei der Beschaffung selbst,
- die Ermittlung realisierbarer Zielvorgaben in der Planung des Materialeinsatzes und des Kosteneinsatzes im Funktionsbereich,
- die Möglichkeit, Analysen der Abweichungen im Ist gegenüber den Zielvorgaben aufzubauen,
- die Verringerung der verwaltenden Tätigkeiten zu ermöglichen und die Verstärkung der gestaltenden Aufgaben im Einkauf zu gewährleisten.

Bei der Datenaufbereitung im Rahmen eines Einkaufs-Informations-Systems stellt sich die Frage nach dem Risiko einer so großen Transparenz bei den Beschaffungsunterlagen durch die Weitergabe von Informationen an Nichtberechtigte. Konkret: Kann durch einen Informationsfluß an bestimmte Lieferanten ein zusätzliches Risiko für das eigene Unternehmen entstehen? Selbstverständlich kann eine systematische Aufbereitung aller Daten und Informationen über das Beschaffungsgeschehen des Unternehmens für bestimmte Lieferanten von erheblichem Interesse sein, und die Weitergabe ausgewählter Informationen kann durchaus negative Folgen für den Materialkosteneinsatz des Unternehmens nach sich ziehen. Beispielsweise kann das Wissen über die Preisgestaltung des Wettbewerbs bei der letzten Auftragsvergabe einen wesentlichen Vorteil des Lieferanten bei der Verhandlungsführung über eine neue Auftragsvergabe darstellen. Dieses Risiko, daß Mitarbeiter Informationen an Lieferanten weitergeben, entsteht jedoch nicht erst nach dem Aufbau eines Informations-Systems. Die Weitergabe wird nur wesentlich erleichtert, wenn diese Informationen systematisiert zur Verfügung stehen. Eine Sicherung gegen die unberechtigte Weitergabe ließe sich selbstverständlich einbauen, indem nicht alle Mitarbeiter im Einkauf auf alle Informationen zurückgreifen können. Je restriktiver jedoch das Informations-System gehandhabt wird und je mehr Sperren eingebaut werden, um so schwieriger wird der Umgang mit diesem System.

An dem Beispiel der in dem System gespeicherten Konditionen soll der Vorteil eines umfassenden Informations-Systems deutlich gemacht werden. Unabhängig von der Preisgestaltung und der Rabattgewährung aufgrund bestimmter Mengenabnahmen werden die Zahlungsbedingungen von den Lieferanten recht unterschiedlich gehandhabt. Zum Teil abhängig von den angebotenen Materialpositionen, werden unterschiedliche Skontosätze bei Barzahlung innerhalb weniger Tage eingeräumt. Die Bemühungen des Einkaufs müssen darauf gerichtet sein, die Skontomöglichkeiten voll auszunützen. Ein Skontoabzug von beispielsweise drei Prozent für eine um vier Wochen vorgezogene Zahlung stellt, sofern flüssige Mittel vorhanden sind, eine Chance zur Verbesserung der eigenen Liquidität dar. Mit steigendem Materialanteil im Umsatz gewinnt der Skontoabzug eine zusätzliche Bedeutung. Die Datenverarbeitung liefert zu diesem konkreten Vorgang

– durch den Ausweis der Konditionen des Lieferanten und seiner Mitbewerber eine wesentliche Unterlage für die nächste Verhandlungsführung,
– durch die laufende Überwachung der Konditionen die Vergleichsmöglichkeit der angebotenen und der fakturierten Bedingungen und
– durch die Zusammenführung der Ergebnisse der Skontoerträge die Erfassung der auf das Einkaufsvolumen bezogenen Ergebnisbetrachtung.

Besondere Anforderungen an die Datenverarbeitung durch Just in Time

Auf Just in Time im Zusammenhang mit der zunehmenden Bedeutung des Materialflusses im Unternehmen wurde in Abschnitt 5 hingewiesen. Die Datenverarbeitung kann dem Einkauf für seinen Beitrag zu Just in Time wertvolle Hilfestellungen leisten.

Bei der Beschleunigung der Auftragsabwicklung sind die schon angesprochenen Leistungen der Datenverarbeitung bei der Auswahl der Lieferanten durch den Ausdruck von Bestellvorschlägen, bei der Verfolgung der Auftragsabwicklung und bei der Unterstützung der Wareneingangsprüfung von Bedeutung.

Die Auftragsabwicklung läßt sich aber über eine Intensivierung der Zusammenarbeit mit den Lieferanten noch wesentlich beschleunigen, wenn man statt einem Versand von Auftragspapieren und einem gegenläufigen Versand der Auftragsbestätigung eine papierlose Abwicklung wählt und über die Datenfernübertragung (DFÜ) einen direkten Kontakt vom Unternehmen zum Rechenzentrum des Lieferanten herstellt. Dabei ergeben sich nicht nur verkürzte Wege, sondern auch die schnellstmögliche Einbindung der Aufträge in die Fertigungssteuerung des Lieferanten.

Selbstverständlich darf die Beschleunigung der Auftragsabwicklung nicht das einzige Ziel im Einkauf sein. Die Abwicklung der Aufträge über die Datenfernübertragung muß die richtige Bearbeitung bei der Auftragsvergabe und die Übertragung der richtigen Daten sicherstellen. Bei dieser Abwicklung werden also Fragen der Datensicherung aufgeworfen. Es ergeben sich aber auch Probleme hinsichtlich der Flexibilität des Einkaufs. Für die Beschaffung ist der Weg über die Datenfernübertragung in zweierlei Hinsicht bequem. Er spart den Aufwand für die Bestellschreibung, und der Einkauf kann bei auftretendem Bedarf einen gut eingefahrenen Weg wählen. Statt Angebotseinholung und Angebotsbearbeitung können die Bestellungen sofort erledigt werden.

Die Datensicherheit in bezug auf die richtige Übermittlung des Bedarfs läßt sich verhältnismäßig einfach überwachen. Die Bequemlichkeit der eingefahrenen Wege für die Bedarfsdeckung kann beim Einkauf jedoch zu einer Sterilität führen, wenn die vorhandenen Marktmöglichkeiten nicht laufend überprüft und Konkurrenzangebote angefordert werden. Für den Materialkosteneinsatz kann eine bequeme Lösung für den Einkauf eine sehr kostspielige Lösung werden.

Die Weitergabe des auftretenden Bedarfs über die Datenfernübertragung führte bei einem bedeutenden Abnehmer von elektronischen Bauelementen zu einer erheblichen Kostenauswirkung beim Materialeinsatz. Die Lieferbedingungen der Lieferanten von Bauelementen sehen bei der Abnahme und Berechnung von Klein- und Kleinstmengen erhebliche Zuschläge für Mindermengen vor. Die unmittelbare Weitergabe des auftretenden Bedarfs über die Datenfernübertragung führte zur unmittelbaren Überschreibung auch des Kleinstbedarfs. Der Lieferant konnte bei der Fakturierung dieser Kleinstmengen entsprechende Zuschläge in Rechnung stellen. Diese Handhabung fiel bei der Rechnungsprüfung des Unternehmens lange Zeit nicht auf, da die Rechnungsstellung im einzelnen korrekt war. Ohne Datenfernübertragung hätte der Einkauf auf dieses Problem geachtet und hätte vor der Bestellaufgabe eine Zusammenfassung der Kleinstmengen vorgenommen. Damit wären erhebliche Kosten eingespart worden.

Die Verkürzung der Durchlaufzeit eines Auftrages durch das Unternehmen ist nicht nur abhängig vom Materialfluß in der Fertigung, sie wird auch beeinflußt von der Optimierung der Lagerhaltung und von der Verbesserung der innerbetrieblichen Transportwege. Der Einkauf hat durch die Auswahl der richtigen Lieferanten, durch die Beschleunigung der Auftragsabwicklung und durch die zweckmäßige Vertragsgestaltung mit den Lieferfirmen einen bedeutenden Einfluß auf die Verkürzung der Zeitachse bis zur Auslieferung des Kundenauftrages. Bei der Erfüllung seiner Aufgaben muß sich der Einkauf der Unterstützung durch die Datenverarbeitung bedienen.

Wege zur Bereitstellung der notwendigen Informationen durch die Datenverarbeitung

Die Erfassung eines großen Mengen- und Wertgerüstes zwingt den Einkauf zum Einsatz der Datenverarbeitung. Der Informationsbedarf bedingt allerdings recht unterschiedliche Speicherkapazitäten bei deren Aufbereitung. Nicht alle vom Einkauf benötigten Informationen erfordern die Kapazität einer Großrechneranlage.

Für den Einsatz im Einkauf, wie auch für den Einsatz der Datenverarbeitung in anderen Funktionsbereichen, ist die Frage nach den Wegen der Informationsbereitstellung nach Zweckmäßigkeitsüberlegungen zu beantworten. Zu entscheiden ist über die Verwendung

- von Ausdrucken aus der Großrechneranlage,
- der Datenübertragung vom Großrechner auf Bildschirme am Arbeitsplatz oder
- von Mikrocomputern.

Die wirtschaftliche Bereitstellung der benötigten Informationen ist das entscheidende Kriterium. Bei der Bewertung der Wege sind der direkte Zugriff, die Lieferung aktueller Daten und die Möglichkeit der flexiblen Gestaltung der Abrufe maßgebend.

Für die Gesprächsführung mit dem Vertreter eines Lieferanten, der sich zu einer Angebotsverhandlung angemeldet hat, benötigt der Facheinkäufer Informationen über

- das bisherige Einkaufsvolumen,
- die Mengen und Preise der letzten Lieferungen,
- die eingeräumten Konditionen,
- die Preise der Wettbewerber und
- die Beurteilung dieses Lieferanten aufgrund der bisherigen Geschäftsverbindung.

Der angeforderte Ausdruck aus der Großrechneranlage ist in einem solchen Fall zu schwerfällig. Der Bildschirm am Arbeitsplatz kann diese Informationen dem Einkaufssachbearbeiter bei einer entsprechenden Aufbereitung der Daten unmittelbar bereitstellen und damit eine wertvolle Hilfe bei der Verhandlungsführung darstellen.

Für die Verwendung bestimmter Wege bei der Datenverarbeitung und Datenausgabe gibt es keine allgemein gültigen Aussagen. Teilgebiete, deren Aktualisierung aus der Geschäftsabwicklung mit den Lieferanten gewonnen werden und die daher durch keine gesonderte Dateneingabe aktualisiert werden müssen, werden am wirtschaftlichsten über die Großrechenanlage auf den jeweilig neuesten Stand gebracht. Daneben gibt es Aufgabenbereiche, die mit der wesentlich billigeren Lösung über die Mikrocomputer im Einkauf abgewickelt werden können. Diese Lösungen entlasten den Dialogverkehr mit dem Großrechner. Für den wirtschaftlichen Einsatz der Datenverarbeitung in der Beschaffung erscheint eine Kombination von unterschiedlichen Informationsträgern am zweckmäßigsten. Sowohl der Rechnerausdruck als auch der Datenausdruck über Sichtstationen am Arbeitsplatz und der Einsatz von Mikrocomputern können − je nach dem vorhandenen Informationsbedarf − eine geeignete Lösung darstellen.

Sonderfall:
Datenverarbeitung bei zwei und mehr Einkaufsabteilungen

Das Vorandensein von mehr als einer Einkaufsabteilung im Unternehmen stellt eine beachtliche Chance für eine Optimierung des Materialkosteneinsatzes dar. Die Chance bezieht sich

- auf die Abstimmung der Planung des Materialkosteneinsatzes,
- auf den Vergleich der Kostensenkungserfolge und der Kostensenkungsplanung im Materialbereich,
- auf das gemeinsame Vorgehen bei bestimmten Geschäftsvorfällen unter Beibehaltung der spezifischen Aufgabenstellungen der einzelnen Bereiche.

Die beiden ersten Punkte betreffen die Möglichkeit des Managements, die Kostenverteuerungen und die Kostensenkungsaktivitäten der verschiedenen Einkaufsbereiche miteinander zu vergleichen und Erkenntnisse über die Leistungsfähigkeit dieser Bereiche zu gewinnen. Allein aus der in die Planung eingestellten Größenordnung von einem bestimmten Prozentsatz für die Nettoverteuerung kann das Management keine brauchbaren Erkenntnisse ableiten. Der Vergleich der geplanten Brutto-Verteuerungen der verschiedenen Bereiche und der geplanten Kostensenkungsziele bei den einzelnen Materialgruppen gibt hinreichende Ansatzpunkte, um unterschiedlichen Planungsvorgaben nachzugehen und die Leistungsfähigkeit der Einkaufsabteilungen zu beurteilen. Eine Bruttoverteuerung von 2,8 Prozent bei einer bestimmten Materialgruppe und ein Kostensenkungspotential in der Planung von 0,5 Prozent bei der gleichen Materialgruppe muß dann zu Aktivitäten des Managements führen, wenn bei der gleichen Materialgruppe eines anderen Einkaufsbereiches nur eine Verteuerung von 2,2 Prozent, dafür aber eine geplante Kostensenkung von 1,2 Prozent aufgeführt wird. Die Planung von Vorgaben allein ist kein Hinweis für die Qualität der getroffenen Annahmen. Ein Rückblick auf die Abweichungen der letzten Jahre bei beiden Einkaufsabteilungen gibt der Geschäftsleitung aber bereits einen weitaus besseren Aufschluß. Aus diesen Abweichungen ergeben sich Rückschlüsse auf die Qualität der Planung und die Effizienz der Bereiche zur Erfüllung vorgegebener Kostensenkungsziele.

Vergleichbare Materialgruppen müssen sich weder bei den vorgegebenen Planzahlen für die Bruttoverteuerung noch bei den Zielvorgaben für die Kostensenkungen decken. Der unterschiedliche Bedarf von Normteilen, Einzelteilen oder Teilen aus einer Serienfertigung können durchaus unterschiedliche Kostenverteuerungen und Kostensenkungsziele in der Planung nach sich ziehen. Daher ist der Vergleich der Planzahlen zu vertiefen, und dem Einkauf muß die Möglichkeit zur Begründung seiner Planannahmen gegeben werden. Um die Aussagefähigkeit der Planung des Materialeinsatzes zu erhöhen, sind jedoch erkennbare Abweichungen sowohl bei der Bruttopreisverteuerung als auch bei den Kostensenkungszielen während der Plandurchsprache eingehend zu diskutieren.

Die Tätigkeit im Einkauf bedingt eine Identifikation des Einkäufers mit dem von ihm betreuten Einkaufsgebiet. Häufig stellt man aber im Gespräch mit Einkaufssachbearbeitern eine gewisse Überheblichkeit hinsichtlich der Überzeugung fest, daß die vereinbarten Konditionen mit dem Lieferanten und die in die Planung aufgenommenen Vorgaben über jeden Zweifel erhaben sind. Auch ein gemeinsames Vorgehen von zwei oder mehr Einkaufsbereichen bei bestimmten Lieferanten oder bei bestimmten Materialgruppen kann auf Schwierigkeiten stoßen. Manche Einkaufssachbearbeiter sehen ein solches gemeinsames Vorgehen als eine Einschränkung der eigenen Selbständigkeit an.

In einem Unternehmen wurde beobachtet, daß ein Einkaufsleiter eines Bereiches mit dem Lieferanten geheime Abmachungen über die Rabattgewährung abgeschlossen hatte, um dem Einkauf des anderen Bereiches die tatsächlichen Bedingungen seiner Bezüge nicht preiszugeben und einen entsprechenden Preisvorteil für den eigenen Bereich aufrechtzuerhalten. Diese geheimen Rabattvereinbarungen wurden nicht etwa auf das Privatkonto des Einkäufers überwiesen. Sie verbesserten den Materialkosteneinsatz des entsprechenden Bereiches. Der Lieferant wurde verpflichtet, dem anderen Einkaufsbereich davon nichts mitzuteilen. Einkaufsleiter, die ihre Aufgabenerfüllung in einer solchen Vorgehensweise sehen, haben das Unternehmen als Ganzes nicht im Auge und sind daher falsch auf ihrem Posten. Ihre Denkweise stammt noch aus einer Zeit, in der „Management by Zufall" groß geschrieben wurde.

Die Zusammenarbeit von zwei und mehr Einkaufsbereichen des gleichen Unternehmens zur Verbesserung der Materialkostenproduktivität kann erhebliche Vorteile für den Materialkosteneinsatz des Unternehmens bringen. Für diese Zusammenarbeit muß jedoch die Datenverarbeitung einen erheblichen Beitrag leisten. Denn die Einbindung von zwei oder mehr Einkaufsbereichen in ein Einkaufs-Informations-System verlangt einen gezielten Informationsfluß zu allen beteiligten Einkäufern. Das bedeutet eine Selektion der Daten und eine Aktualisierung der Informationen auf einer wesentlich breiteren Ebene.

Wesentliche Ergebnisse aus dem Einkaufs-Informations-System für zwei oder mehr Einkaufsbereiche ergeben sich bei der Lieferantenbeurteilung. Erkenntnisse über Qualitätsbeanstandungen, Lieferzeitüberschreitungen oder mangelnde Flexibilität eines Bereiches können zur Vermeidung von Schwierigkeiten bei den anderen Bereichen führen.

Schließlich ist auf die Möglichkeiten von Bedarfszusammenfassungen über die Datenverarbeitung hinzuweisen. Ob diese Bedarfszusammenfassungen über den Abschluß gemeinsamer Rahmenvereinbarungen oder über die Schaffung eines Leiteinkaufes für bestimmte Materialpositionen oder Materialgruppen erfolgt, ist von untergeordneter Bedeutung. Auf jeden Fall ist die Hilfestellung der Datenverarbeitung bei der Geschäftsabwicklung eine unbedingte Notwendigkeit.

10. Fallstudien zum Controlling im Einkauf

Fallstudie 1: Kosteneinsatz im Einkaufsbereich, Materialkosten und Umsatz

Einführung

Die Beurteilung der Leistungsfähigkeit eines Einkaufsbereiches stößt auf erhebliche Schwierigkeiten. Die Auswertung von Kennzahlen über die Zahl der Bestellungen, die Zahl der Bestellpositionen oder den Bestellwert der aufgegebenen Bestellungen je Mitarbeiter birgt Probleme, da die Vergleichbarkeit der Arbeitsbelastung des einzelnen Mitarbeiters innerhalb einer Einkaufsabteilung wegen der unterschiedlichen Strukturen der einzelnen Arbeitsgebiete nur annäherungsweise gegeben ist. Auch einem Vergleich verschiedener Einkaufsabteilungen sind durch die unterschiedlichen Einkaufsstrukturen enge Grenzen gesetzt.

Steigt die Arbeitsbelastung im Einkaufsbereich und besteht die Notwendigkeit, zusätzliche Personalanforderungen zu beurteilen, dann muß der Funktionsbereich Einkauf als Ganzes in seiner Leistungsfähigkeit bewertet werden. Eine wesentliche Hilfestellung kann dabei die Funktionsanalyse bieten.

Funktionsanalysen geben dem Management die Möglichkeit, durch einen Zeitvergleich eines bestimmten Funktionsbereiches oder durch den Vergleich verschiedener Funktionsbereiche zu einem bestimmten Stichtag Erkenntnisse zu gewinnen. Erkenntnisse ergeben sich sowohl bei der Kostenentwicklung über eine gewisse Zeitspanne als auch im Quervergleich mit anderen vergleichbaren Funktionseinheiten für ein bestimmtes Jahr.

Wesentliche Aussagen der Funktionsanalyse beziehen sich

- auf die Zahl der in dem Funktionsbereich tätigen Mitarbeiter,
- auf die wesentlichen Kostenblöcke, wie Personalkosten, Sachkosten und Kapitalkosten
  und
- auf die Relativierung des Kostenanfalles im Funktionsbereich zum Umsatz oder zum Gesamtkosteneinsatz des Unternehmens.

Funktionsanalysen lassen sich ohne großen materiellen und zeitlichen Aufwand erstellen und gewinnen vor allem dann an Aussagekraft, wenn auch die Plandaten des folgenden Jahres in dieser Analyse verwertet werden.

Bei der Funktionsanalyse für eine Einkaufsabteilung muß selbstverständlich auch das Einkaufsvolumen – der Ausdruck für die Arbeitsbelastung des Einkaufs – mit in Betracht gezogen werden.

Ausgangssituation

Die Arbeitsbelastung im Einkauf der Werkzeugmaschinenfabrik Müller GmbH hat in den zurückliegenden Jahren ständig zugenommen. Die ungünstige Entwicklung des Umsatzes im Unternehmen führte zu erhöhten Anstrengungen der Unternehmensleitung, um überzählige Bestände über eine Verkürzung der Materialdurchlaufzeiten abzubauen. Für den Einkauf ergaben sich dadurch zusätzliche Arbeitsbelastungen, da die Anforderungen aus den Werkstätten nur sehr kurze Zeitspannen für die Beschaffung vorgaben. Zum Teil liegen die Daten für die Anlieferwünsche bereits in der Vergangenheit, wenn sie den Einkauf erreichen. Da aber gleichzeitig aufgrund der für den Wirtschaftszweig günstigen Entwicklung Lieferzeitverlängerungen einzelner Lieferanten vorgenommen wurden, ist die termingerechte Versorgung des Unternehmens nur mit erheblichem Arbeitsaufwand sicherzustellen.

Der Abteilungsleiter des Einkaufs legt der Geschäftsleitung eine Personalanforderung für einen weiteren Einkaufssachbearbeiter vor. Zur Begründung wird das gestiegene Einkaufsvolumen und die Strukturveränderung des Bedarfs angegeben. Die Strukturveränderung bezieht sich auf den wesentlich gestiegenen Bedarf an elektronischen Bauteilen. Für den Einkauf ist, nach Meinung des Einkaufsleiters, die Einrichtung einer eigenen Sachbearbeitergruppe für diese Materialpositionen notwendig. Es ist daher ein mit dieser Materie vertrauter Facheinkäufer einzustellen.

Für die Geschäftsleitung kommt diese Personalanforderung sehr ungelegen, nachdem die Umsatz- und die Ergebnisentwicklung in den beiden letzten Jahren weit hinter den Erwartungen zurückgeblieben sind.

Der Einkaufsleiter wird aufgefordert, eine Funktionsanalyse für die Jahre 1984 bis 1986 auszuarbeiten und der Firmenleitung vorzulegen. Anhand dieser Funktionsanalyse für den Funktionsbereich Einkauf soll über die Personalanforderung entschieden werden.

Aufgabenstellungen

1. Welche Erkenntnisse will die Geschäftsleitung aus der Funktionsanalyse gewinnen?
2. Auf was ist bei der Darstellung der Werte in einer Funktionsanalyse zu achten?

Kostenvergleich

Das Unternehmen ist durch Kapitalverflechtung mit einem anderen Unternehmen der gleichen Branche eng verbunden. Bei einem Gedankenaustausch der Geschäftsführer beider Unternehmen wird über die Umsatz- und Personalentwicklung und in diesem Zusammenhang auch über die Personalanforderung des Einkaufs gesprochen. Die beiden Geschäftsführer vereinbaren einen Kostenvergleich der beiden Einkaufsabteilungen.

Ausarbeitung der Funktionsanalyse

Von der Einkaufsleitung wird die Funktionsanalyse erstellt und der Geschäftsleitung zusammen mit der Personalanforderung vorgelegt (siehe Abbildung 14).

Der Einkaufsleiter sieht seine Personalanforderung durch die Funktionsanalyse bestätigt und behauptet, den angeforderten Mitarbeiter spätestens zu Beginn des nächsten Quartals einstellen zu müssen. Mehrere Bewerbungen liegen bereits vor. Bevorzugt wird die Bewerbung eines Einkäufers mit einschlägiger Berufserfahrung auf dem Gebiet der elektronischen Bauteile, dessen Gehaltsvorstellung jedoch über dem Niveau der vorhandenen Mitarbeiter liegt.

Funktionsbereich Einkauf	Werte vergleichbar in TDM		
Berichtszeitraum	1984	1985	1986
Zahl der Mitarbeiter	11	11	12
Kosten des Bereichs	793	809	915
darin: Personalkosten	501	510	563
Sachkosten	260	267	320
Kapitalkosten	32	32	32
Materialkosten	43 200	44 500	46 200
Umsatz	91 200	89 100	85 500
Kennzahlen:			
Anteilige Kosten: Gesamtkosten	0,93	0,96	1,10
Anteilige Kosten: Umsatz	0,87	0,91	1,07

Abb. 14: Funktionsanalyse für den Funktionsbereich Einkauf

Weitere Aufgabenstellungen

3. In welcher Form könnte der von den beiden Geschäftsführern vereinbarte Kostenvergleich durchgeführt werden?
4. Erscheint die Personalanforderung aufgrund der vorgelegten Funktionsanalyse gerechtfertigt?
5. Würden Sie zusätzliche Informationen bei der Einkaufsleitung anfordern? Wenn ja, welche?
6. Die Umsatzentwicklung des Unternehmens läßt einen Personalaufbau nicht zu. Welche Gründe kann der Einkaufsleiter für die Personalanforderung geltend machen?
7. Welche Erkenntnisse können Sie aus der Entwicklung der Kennzahlen ableiten?
8. Welche Entscheidung würden Sie als Mitglied der Geschäftsleitung treffen? Begründen Sie die Entscheidung.

Lösungsvorschläge zur Fallstudie 1

Aufgabenstellung der Funktionsanalyse

Zu Frage 1

Die Funktionsanalyse systematisiert die Aussagen des Kosteneinsatzes in einem bestimmten Funktionsbereich und vermittelt durch die Zuordnung des Kosteneinsatzes für diesen Bereich zum Gesamtkosteneinsatz beziehungsweise zum Umsatz des Unternehmens Erkenntnisse über die Angemessenheit der Kostenentwicklung in einem bestimmten Zeitabschnitt.

Zu Frage 2

Wesentlich ist die Vergleichbarkeit der in der Funktionsanalyse ausgewiesenen Werte. Das heißt, daß sowohl beim Kostenaufriß als auch bei der Darstellung des Umsatzes die Kosten- und Preisveränderungen in den aufgezeigten Jahren ausgeklammert werden müssen. Im vorliegenden Fall sind alle Werte auf die Wertebasis des Jahres 1984 umgerechnet. Würde keine einheitliche Wertebasis verwendet werden, würden durch unterschiedliche Preis- und Kostenveränderungen in den der Funktionsanalyse zugeordneten Jahren unter Umständen falsche Aussagen aus den Kennzahlen abgeleitet werden.

Kostenvergleich

Zu Frage 3

Die Funktionsanalyse kann nicht nur für einen Zeitvergleich einer Funktionseinheit über mehrere Jahre verwendet werden. Für einen Vergleich von zwei oder mehr Funktionsbereichen des eigenen Unternehmens oder bei zwischenbetrieblichen Vergleichen ergeben sich aus der Systematik der Funktionsanalyse zusätzliche Erkenntnisse. Diese können sich sowohl aus dem Vergleich der ausgewiesenen Kennzahlen als auch aus dem Vergleich der Materialkosten mit dem Kosteneinsatz im Funktionsbereich ergeben.

Bei einem Vergleich von zwei oder mehr Bereichen können die entsprechenden Daten aus einem Jahr oder auch aus mehreren Jahren Verwendung finden.

Erkenntnisse aus dem Vorgang

Zu Frage 4

Die Funktionsanalyse vermittelt zwei wesentliche Erkenntnisse über die Situation im Unternehmen und über die Entwicklung des Materialeinsatzes.

Die eine Erkenntnis betrifft die Umsatzentwicklung, von der bereits ausgeführt wurde, daß sie sehr unbefriedigend ist. Besonders im Jahre 1986 ist ein deutlicher Umsatzeinbruch zu verzeichnen, über dessen Gründe keine Angaben gemacht werden. Die aufgezeigte Umsatzentwicklung zwingt zu einer sehr kritischen Beurteilung jeder zusätzlichen Personalanforderung. In der Besprechung der Ausgangssituation wird ausdrücklich auch die unbefriedigende Ergebnissituation erwähnt. Es ist daher zu unterstellen, daß die Kostensituation des Unternehmens durch zusätzliche Personalkosten nicht verschlechtert werden darf.

Die zweite Erkenntnis betrifft die Entwicklung der Materialkosten. Das Unternehmen befindet sich offensichtlich in einer gravierenden Umstrukturierung. Die Materialkostenintensität nimmt von etwa 47 Prozent im Jahre 1984 auf rund 54 Prozent im Jahre 1986 zu. Dies wird wahrscheinlich im Zusammenhang stehen mit der Einführung neuer Produkte, die völlig andere Kostenstrukturen im Umsatz ausweisen als die bisher gefertigte Produktpalette. Unter Umständen hängt auch die Umsatzentwicklung mit Einführungsschwierigkeiten für diese neuen Produkte zusammen.

Zu Frage 5

Ja, zusätzliche Informationen sind zu folgenden Punkten einzuholen:

— Wie sieht die Planung des Umsatzes und des Materialeinsatzes im kommenden Geschäftsjahr aus?
— Welche Hilfestellung bietet die Datenverarbeitung zur Zeit dem Einkauf bei der Bewältigung seines Aufgabengebietes, und welche zusätzlichen Hilfen könnten von der Datenverarbeitung zur Entlastung des Einkaufs übernommen werden?
— Der zusätzliche Aufbau eines Mitarbeiters im Jahre 1986 berücksichtigt bereits den höheren Materialanteil im Umsatz. Welche zusätzlichen Belastungen kommen auf den Einkauf im folgenden Geschäftsjahr zu?
— Wie wirkt sich die Strukturveränderung auf die Mengenentwicklung bei den einzelnen Materialgruppen aus?

Zu Frage 6

Die Personalanforderung des Einkaufsleiters bezieht sich auf den zusätzlichen Arbeitsaufwand des Einkaufs, der durch den gestiegenen Materialeinsatz zum Ausdruck kommt.

Auswertung der Kennzahlen

Zu Frage 7

Aus der Entwicklung der beiden Kennzahlen ist über die drei Jahre eine deutliche Verschlechterung des Verhältnisses von Kosteneinsatz im Funktionsbereich zum Umsatz sowie zu den Gesamtkosten des Unternehmens zu erkennen.

Der Anteil der Funktionskosten des Beschaffungsbereiches nimmt zu. Der Anteil am Umsatz steigt jedoch erheblich stärker. Rechnet man aus den anteiligen Kosten auf die Gesamtkosten in diesen drei Jahren hoch und vergleicht man diese Werte mit den Umsatzzahlen, dann zeigt sich deutlich eine Verschlechterung der Differenz von Umsatz und Gesamtkosten (Ergebnis). Die Hochrechnung ergibt Gesamtkosten in diesen Jahren von

Jahre	Gesamtkosten	% vom Umsatz
1984	85 700	94
1985	84 650	95
1986	82 940	97

Tab. 10: Entwicklung der Gesamtkosten

Dem Unternehmen ist es wohl gelungen, die Gesamtkosten in dem betrachteten Zeitraum entsprechend der Umsatzentwicklung abzubauen. Der Abbau hat jedoch keineswegs ausgereicht und daher hat sich das Ergebnis verschlechtert. Der Funktionsbereich Einkauf hat diese negative Entwicklung mit beeinflußt.

Die Kennzahlen ermöglichen eine Beurteilung

– der Entwicklung der Bereichskosten im Verhältnis zu Umsatz und Gesamtkosten,
– der Entwicklung der Gesamtkosten im Verhältnis zum Umsatz,
– des Einflusses auf die Ergebnissituation durch den Funktionsbereich.

Entscheidung, Entscheidungsbegründung

Zu Frage 8

Ob die Strukturveränderung des Kosteneinsatzes im Umsatz für die Begründung der Personalanforderung ausreicht, kann aufgrund der vorgelegten Unterlagen nicht beurteilt und entschieden werden. Der Controller müßte die zu Frage 5 aufgezählten Zusatzinformationen umgehend zur Verfügung stellen, um eine endgültige Entscheidung treffen zu können.

Der Einkaufsleiter hat nur die drei abgelaufenen Jahre in seine Funktionsanalyse aufgenommen. Es fehlt die Projektion auf das kommende Geschäftsjahr. Ohne eine Vorschau auf Umsatz, Materialeinsatz und Personalbedarf im Planjahr ist eine Beurteilung der Personalanforderung nicht möglich. Die Chance der Unternehmensplanung als Führungsinstrument im Unternehmen ist in diesem Fall nicht genützt worden.

Fallstudie 2: Wertanalyse für ein Kaufteil

Die Controller-Funktion im Rahmen der Wertanalyse

Zu den Kostensenkungsaktivitäten im Unternehmen gehören neben der technischen Rationalisierung, den arbeitsorganisatorischen Maßnahmen, der Gemeinkostenrationalisierung und der Kostensenkung mit Hilfe von Einkaufserfolgen, die Wertanalyse. Die technische Rationalisierung und die arbeitsorganisatorischen Maßnahmen sind Aufgabenstellungen für die Fertigungsingenieure, durch gezielte Verbesserungen der Prozeßgestaltung, durch Verbesserung der Arbeitsmittel und des Arbeitsablaufes sowie durch die Automatisierung der Fertigung zur Kostensenkung beizutragen. Die Gemeinkostenrationalisierung betrifft alle Bereiche im Unternehmen und muß in jedem Bereich intensiv betrieben werden.

Die Wertanalyse dient einer gezielten Produktkostensenkung durch die Überprüfung der Angemessenheit des Kosteneinsatzes in bezug auf die Funktion dieses Teiles. Die Wertanalyse basiert auf der Anwendung von Funktionsanalysen in systematischen Arbeitsschritten. Der Arbeitsplan für eine Wertanalyse ist in DIN 69910 festgelegt. Dieser Arbeitsplan gliedert sich in sechs Grundschritte und diese sind in Teilschritte untergliedert. Entscheidend für den Erfolg einer Wertanalyse ist die Fragestellung nach der Funktion des zu untersuchenden Objektes.

Wertanalysen werden bei End- und Zwischenprodukten der eigenen Fertigung und bei Zulieferteilen durchgeführt. Für die Durchführung einer Wertanalyse bei Zulieferteilen ist die Zusammenarbeit mit dem Lieferanten unbedingt erforderlich.

Die Durchführung einer Wertanalyse erfolgt grundsätzlich in Teamarbeit, da Problemlösungen das Fachwissen von Experten aus allen betroffenen Bereichen voraussetzen. Bei der Wertanalyse für ein Kaufteil muß dieses Team durch Mitarbeiter des Lieferanten ergänzt werden.

Der Controller unterstützt die Arbeit eines Wertanalyse-Teams durch Kostenrechnungsfachleute aus seinem Bereich. Bei der Wertanalyse für ein Kaufteil werden zusätzlich Mitarbeiter aus dem Materialwirtschaftsbereich benötigt. Sofern es einen eigenen Controller im Materialwirtschaftsbereich gibt, ist er ein wesentlicher Ansprechpartner für das Team.

Bei der Durchsprache der Ergebnisse des Wertanalyse-Teams ist der Controller eingeschaltet und bei der Entscheidung über die vom Team vorgeschlagenen Maßnahmen zur Verbesserung der Kostensituation hat der Controller ein Mitspracherecht. Zum Teil wird die Entscheidung an einen Entscheidungsausschuß delegiert, in dem sich der Controller durch einen Mitarbeiter seines Bereiches vertreten läßt.

Ausgangssituation im Unternehmen

Bei der Durchsprache des Jahresergebnisses für die Produktlinie „Nebenstellenanlagen" wird das ungünstige Ergebnis für ein bestimmtes Marktgebiet von dem Produktverantwortlichen mit der Abhängigkeit von einem Kaufteil für das Produkt „Dora" erläutert. Dieses Kaufteil wird zu einem Stückpreis von DM 295,– seit etwa 18 Monaten von dem Hersteller „B" geliefert. Vor dieser Zeit war der Hersteller „A" in das Lieferprogramm eingeschaltet. Der Preis des Lieferanten „A" lag um mehr als 15 Prozent über dem Preis des Lieferanten „B". Trotz der erreichten Kostensenkung über einen Lieferantenwechsel ist nur eine ungenügende Verbesserung des Ergebnisses eingetreten. Von dem Produktverantwortlichen wird darauf hingewiesen, daß sich noch eine weitere Verschlechterung ergeben wird. Von dem Lieferanten „B" wird angekündigt, daß die ursprüngliche Preisstellung nicht gehalten werden kann.

Bei den Verhandlungen über einen neuen Rahmenvertrag für die Lieferungen der folgenden 12 Monate legt der Lieferant eine Kalkulation dieses Teiles vor und erklärt, daß er mit dem Preisniveau nicht zurechtkommt. Beim ursprünglichen Preisangebot waren die hohen Qualitätsanforderungen an dieses Teil in der Kalkulation nicht ausreichend berücksichtigt worden. Um in Zukunft Verluste zu vermeiden, müßte der Preis auf DM 320,– angehoben werden. Ausdrücklich betont der Lieferant, daß er alle Anstrengungen unternehmen wolle, weitere Kostensenkungen durchzuführen, um die Lieferungen auch in Zukunft durchführen zu können.

Der Bedarf für dieses Kaufteil beträgt im Jahr 5000 Stück und soll durch die Erschließung eines weiteren Teilmarktes auf 6000 Stück innerhalb der nächsten 12 Monate steigen. Für die Lieferungen im laufenden Geschäftsjahr liegt ein Rahmenvertrag mit einer Preisfixierung vor. Die Lieferverpflichtungen werden termingerecht erfüllt. Die Qualität entspricht den hohen Anforderungen, die bei Vertragsbeginn festgelegt wurden.

Dem Produktbereich ist es aufgrund einer Preisanpassung an den Wettbewerb gelungen, auf der Basis der neuen Preise des Lieferanten „B" mit dem Produkt „Dora" am nordeuropäischen Markt die Position als zweitgrößter Lieferant auszubauen und in der Qualität eine Spitzenstellung zu erreichen.

Nach Meinung des Vertriebs läßt die Marktsituation jedoch keinen Spielraum für eine Preiserhöhung, auch nicht aufgrund der besonderen Qualität. Der seinerzeitige Wechsel von Lieferant „A" zu Lieferant „B" und die dadurch möglich gewordene Senkung des Verkaufspreises war für die erreichte Marktposition entscheidend. In der eigenen Kalkulation sind keine Reserven, die einen Ausgleich für die Verteuerung des Kaufteils zulassen würden. Die geplante Erhöhung der Stückzahl auf 6000 Stück wäre nicht mehr zu realisieren. Auch die Einführung eines verbesserten Nachfolgeproduktes wäre bei einer Erhöhung des Verkaufspreises in Frage gestellt.

Entscheidung zur Durchführung einer Wertanalyse

In einer eingehenden Diskussion des Produktverantwortlichen mit dem Vertriebsleiter, dem Controller, dem Leiter der Materialwirtschaft und dem Fertigungsverantwortlichen wird beschlossen, den Lieferanten „B" anzusprechen und ihn aufzufordern, sich an einer Wertanalyse für dieses Kaufteil zu beteiligen.

Nach der Zustimmung des Lieferanten wird ein Wertanalyse-Team zusammengestellt, an dem sich die Fertigung, die Kalkulation, der Einkauf und der Wertanalyse-Beauftragte des Unternehmens, sowie fachkundige Mitarbeiter des Lieferanten beteiligen sollen.

Aufgabenstellungen

1. Begründen Sie die Mitarbeit des Lieferanten an der Teamarbeit.
2. Aus welchen Bereichen würden Sie Mitarbeiter für das Team bestimmen?
3. Begründen Sie die Teilnahme eines Mitarbeiters aus dem Einkauf.
4. Soll dem Team ein bestimmter Betrag als Ziel vorgegeben werden? Wenn ja, wie soll die Aufgabenstellung lauten?
5. Soll die Lieferfirma an den Erfolgen der Teamarbeit beteiligt werden?
6. Soll das Wertanalyse-Team nur Kostensenkungsmöglichkeiten aufzeigen oder auch selbst durchsetzen?

7. Zur Wertanalyse gehört nicht nur ein Wertanalyse-Arbeitsteam, sondern auch ein Beratungs- und ein Entscheidungsausschuß. Wen würden Sie in diese Ausschüsse delegieren?
8. Sollten die Team-Mitglieder gleichberechtigt mitarbeiten?
9. Soll die Teamarbeit zeitlich begrenzt werden?

Durchführung der Wertanalyse

Dem Team wurde als Ziel die Senkung des Einstandspreises für das Unternehmen auf DM 270,– vorgegeben. Das bedeutet aufgrund der Kostenstruktur des Lieferanten, die Herstellkosten dieses Kaufteils von bisher DM 215,– auf DM 180,– zu senken. Bei dem Preis des Lieferanten „B" an das Unternehmen in Höhe von DM 295,– beträgt der Kalkulationsfaktor für anteilige Entwicklungskosten, Verwaltungskosten, Vertriebskosten, Ausschuß und Gewinn nur 1,37. Der Lieferant „B" benötigt jedoch einen Faktor vom 1,5.

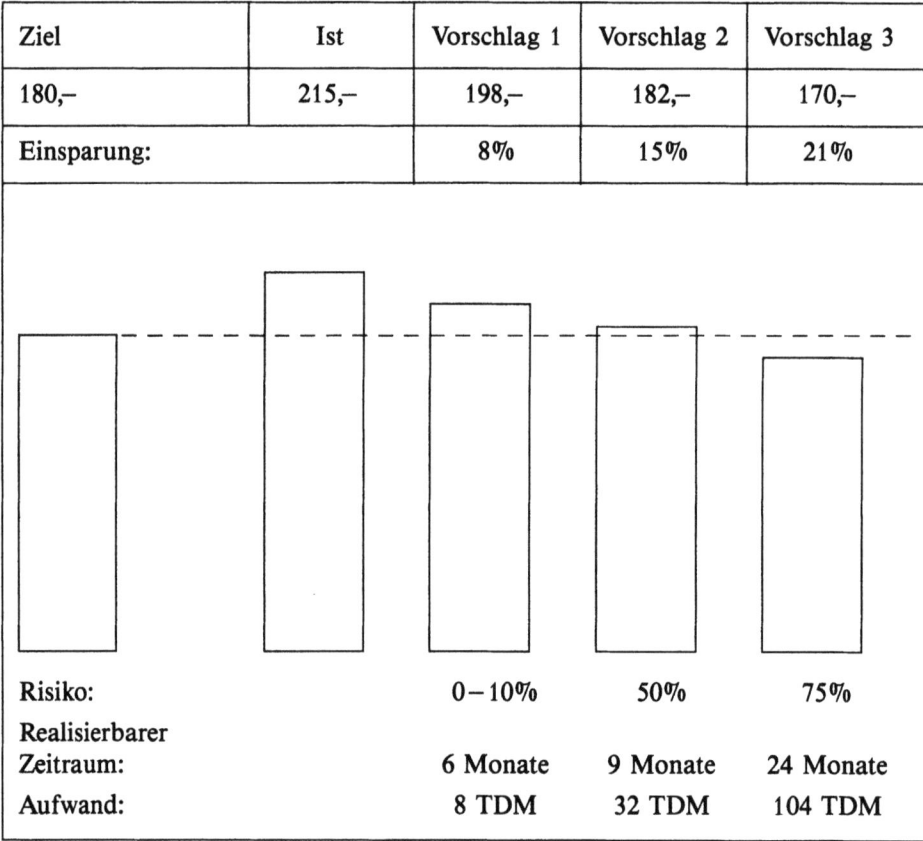

Ziel	Ist	Vorschlag 1	Vorschlag 2	Vorschlag 3
180,–	215,–	198,–	182,–	170,–
Einsparung:		8%	15%	21%
Risiko:		0–10%	50%	75%
Realisierbarer Zeitraum:		6 Monate	9 Monate	24 Monate
Aufwand:		8 TDM	32 TDM	104 TDM

Tab. 11: Lösungsvorschläge

Vom Team werden die möglichen Kostensenkungsmaßnahmen zu drei Vorschlägen zusammengefaßt, die sich durch den Risikofaktor bezüglich der technischen Realisierbarkeit, der erreichbaren Kostensenkung, des benötigten Zeitaufwandes und des erforderlichen Kostenaufwandes unterscheiden. In Tabelle 11 sind die drei Vorschläge aufgeführt (die Vorschläge 2 und 3 beinhalten jeweils die vorherigen Vorschläge).

Für die Lösungsvorschläge 1 bis 3 werden in einer Einzelaufstellung die erforderlichen Maßnahmen, die für die Durchführung Verantwortlichen und die möglichen Einführungstermine für diese Maßnahmen aufgelistet. Die Einzelmaßnahmen betreffen die Verpackung des Kaufteiles für die Lieferung zum Unternehmen in Gitterboxen statt bisher in Einzelverpackungen, die Umstellung einzelner Arbeitsschritte zur Kostensenkung, den Austausch eines Messingteiles durch Kunststoff und die Umstellung des Bezuges von Teilen auf andere wettbewerbsfähigere Lieferanten unter Berücksichtigung der Qualitätsansprüche.

Der Entscheidungsausschuß verwirft nach langer Diskussion den Vorschlag 3 wegen des Kostenaufwandes und gibt den Auftrag, den Lösungsvorschlag 2 sofort in Angriff zu nehmen.

Die Kosten für die Durchführung der Maßnahmen werden von dem Lieferanten übernommen.

Über die Preisbasis für die Lieferungen soll nach Durchführung der Maßnahmen zu dem Lösungsvorschlag 2 endgültig entschieden werden.

In 6 Monaten soll dem Entscheidungs-Ausschuß über die Durchführung des Lösungsvorschlages 1, in 9 Monaten über die Durchführung der zusätzlichen Maßnahmen des Lösungsvorschlages 2 berichtet werden.

Weitere Aufgabenstellungen

10. Beurteilen Sie die Lösungsvorschläge 1 bis 3 hinsichtlich des Kostenaufwandes und des erwarteten Ergebnisses.
11. Beurteilen Sie die Entscheidung des Entscheidungsausschusses, die Lösung 3 zu verwerfen.
12. Wer verfolgt in den nächsten sechs bzw. neun Monaten die Arbeiten an der Verwirklichung der beiden Lösungsvorschläge?
13. In welchem Umfang würden Sie den Lieferanten an dem Erfolg dieser Wertanalyse beteiligen?
14. Welches Ergebnis kann für den Lieferanten „B" und für das Unternehmen in DM auf Jahresbasis von 6000 Stück erzielt werden, wenn die Lösung 2 verwirklicht wird?

Lösungsvorschläge zur Fallstudie 2

Vorgehensweise

Zu Frage 1

Für die Durchführung einer Wertanalyse eines von einem Lieferanten gefertigten Teiles ist eine aktive Mitarbeit dieses Lieferanten erforderlich, da das technische und kaufmännische know-how des Lieferanten (die vom Lieferanten verwendeten Fertigungsverfahren, seine Kalkulationsunterlagen, die Kenntnis der Einstandspreise für die eingesetzten Teile) für das Gelingen einer funktionsgerechten Preisfindung von entscheidender Bedeutung ist.

Zu Frage 2

Beiträge für die Wertanalyse können von folgenden Bereichen erwartet werden:

- Entwicklung,
- Fertigungssteuerung,
- Qualitätssicherung,
- Einkauf,
- Controller-Bereich,
- Kalkulation.

Zu Frage 3

Für die Wertanalyse von Kaufteilen ist nicht nur die Kostenstruktur des Lieferanten von wesentlicher Bedeutung. Die Untersuchung muß sich auch auf mögliche Verbilligungen des Materialeinsatzes durch die Einschaltung anderer Firmen bei dem Herstellerbetrieb erstrecken.

Ziel der Wertanalyse

Zu Frage 4

Die Festlegung eines bestimmten Kostenzieles erfolgt unter Berücksichtigung der Angemessenheit des Preises zur Funktion dieses Teiles. Durch die Zielfestlegung wird dem Team ein klarer Aufgabenrahmen vorgegeben.

Mitwirkung des Lieferanten

Zu Frage 5

Eine Beteiligung des Lieferanten an dem Ergebnis der Wertanalyse ist eine Voraussetzung für das Gelingen der Aufgabe. Die Angemessenheit der Ergebnisaufteilung zwischen Lieferanten und Unternehmen muß von Fall zu Fall entschieden werden.

Aufgaben des Teams, des Beratungsausschusses und des Entscheidungsausschusses

Zu Frage 6

Das Team hat nur die Kostensenkungsmöglichkeiten zu erarbeiten. Die Verantwortlichen für die Durchführung der von der Entscheidungsinstanz gebilligten Vorschläge werden von dieser benannt.

Zu Frage 7

Dem Beratungsausschuß sollten Mitarbeiter des Lieferanten und des eigenen Unternehmens angehören, deren Fachkenntnisse für das Gelingen notwendig sind, die aus wirtschaftlichen Gründen aber nicht direkt im Arbeitsteam voll eingesetzt werden können. Beispielsweise könnten von den unter Frage 2 genannten Bereichen Mitarbeiter auch im Beratungsausschuß mitwirken, um das Team so klein wie möglich zu halten.

Für den Entscheidungsausschuß (Entscheidungsinstanz) sind die Produktverantwortlichen, die zuständigen Controller oder deren Beauftragte zu benennen. Die Mitglieder des Entscheidungsausschusses müssen in der Unternehmenshierarchie entsprechend hoch angesiedelt sein, um Entscheidungen auch später wirklich durchzusetzen.

Zu Frage 8

Teamarbeit bedeutet gleichberechtigte Mitwirkung von Fachleuten aus verschiedenen Arbeitsgebieten beider Unternehmen.

Zu Frage 9

Eine zeitliche Begrenzung der Teamarbeit zwingt zu einem entsprechenden Engagement der Teilnehmer.

Lösungsvorschläge und deren Kostenauswirkungen

Zu Frage 10

Die Einsparungsmöglichkeiten von weiteren DM 17,– je Stück oder TDM 102 bei einer Erhöhung der Stückzahl auf 6000 pro Jahr rechtfertigt einen einmaligen Aufwand von TDM 104. Der vom Team ermittelte Risikofaktor von 75 Prozent in Verbindung mit den erwarteten Kosten läßt jedoch eine Beschränkung der Entscheidungsinstanz auf die Lösungsvorschläge 1 und 2 als gerechtfertigt erscheinen.

Zu Frage 11

Der vom Entscheidungsausschuß abgelehnte Lösungsvorschlag 3 trägt mit 75 Prozent einen sehr hohen Risikofaktor, benötigt zur Realisierung einen Zeitraum von 24 Monaten und erfordert mit TDM 104 einen hohen Aufwand. Die Entscheidung für den Lösungsvorschlag 2 und gegen den Lösungsvorschlag 3 ist richtig.

Zu Frage 12

Von dem Entscheidungsausschuß sind namentlich die Verantwortlichen für die Durchführung jeder Einzelmaßnahme zu benennen.

Zu Frage 13

Die nach Durchführung beider Vorschläge fehlenden DM 2,– am Kostensenkungsziel sollten sich Lieferant und Unternehmen teilen. Der Lieferant erreicht dabei fast den von ihm benötigten Kalkulationszuschlag von 150 Prozent und verbessert sich dadurch entscheidend.

Zu Frage 14

Bei Erreichen der Kostensenkungen aus den Lösungsvorschlägen 1 und 2 ergibt sich für beide Firmen folgende Kosten- und Preissituation:

	Kosten je Stück		Ergebnisverbesserung	
	vorher	nachher	je Stück	gesamt
Lieferant Herstellkosten Zuschlag Abgabepreis	215,– 80,– 295,–	182,– 89,– 271,–	+ 9,–	54 000,–
Unternehmen Einkaufspreis	295,–	271,–	+ 24,–	144 000,–

Tab. 12: Ergebnis der Wertanalyse

Fallstudie 3: Die Abweichungsanalyse zum Materialeinsatz

Einführung

Der Ausbau der Unternehmensplanung zum Führungsinstrument setzt neben der klaren Definition der Unternehmensziele die laufende Überprüfung der strategischen Ausrichtung, die Einbindung der operativen Planung in die strategische Planung, die monatliche Berichterstattung über die Zielerreichung oder Zielverfehlung sowie die Analyse der Abweichungen von den Planvorgaben und deren Auswirkungen voraus. Die Abweichungsanalyse ist somit ein wesentliches Teilstück der Unternehmensplanung und verlangt eine intensive Auseinandersetzung mit den Planvorgaben und dem erreichten Ist zu einem bestimmten Stichtag.

Voraussetzung für eine aussagefähige Abweichungsanalyse ist die Erarbeitung der Planung und die Erfassung der Istzahlen nach Monaten. Eine einmalige Erfassung der Abweichungen am Ende eines Geschäftsjahres gibt dem Controller keine Möglichkeit, Erkenntnisse aus der Abweichungsanalyse in Entscheidungsvorschläge für das laufende Geschäftsjahr umzusetzen. Bei der Aufteilung der Jahresplanung auf die einzelnen Monate unter Berücksichtigung der unterschiedlichen Einflüsse im Zeitablauf des Geschäftsjahres kann der Controller die auftretenden Abweichungen der Istzahlen gegenüber den Zielvorgaben der Planung zu einem Steuerungsinstrument für das Management ausbauen.

Die Abweichungsanalyse ist aber auch die Basis für die Projektion der Stichtagsergebnisse auf das Geschäftsjahresende. Die aus der Abweichungsanalyse zum Stichtag gewonnenen Erkenntnisse müssen auf das zu erwartende Jahresergebnis und auf die zu erwartende Abweichung gegenüber dem Budget des Geschäftsjahres hochgerechnet werden. Die Vorschau – der Forecast – auf das Geschäftsjahresende zu jedem Monatsabschluß ist die Ergänzung der analytischen Auseinandersetzung mit den Plan/Ist-Abweichungen zum Stichtag.

Die Analyse der Abweichungen zum Stichtag und die Analyse der zu erwartenden Abweichungen zum Geschäftsjahresende sind die Grundlagen für Managemententscheidungen zur rechtzeitigen Beeinflussung der weiteren Entwicklung.

Der Einkauf hat auf die Planung und damit auf die Abweichung der Materialkosten im Ist gegenüber den geplanten Materialkosten einen wesentlichen Einfluß durch seine Zielvorgaben für die Kostenverteuerungen und die Kostensenkungen.

Die Abweichungen bezüglich der Wertestruktur der Materialkosten erfordern die Mitarbeit des Einkaufs zu jedem Stichtag. Er hat die Plan/Ist-Abweichungen der Kostenverteuerungen und der Kostensenkungsaktivitäten im Materialbereich zu analysieren und auf das Geschäftsjahresende zu projizieren.

Ausgangssituation

Die Firma Müller & Co. KG durchlebt eine Phase der Umstrukturierung. Das vorhandene Angebot an Erzeugnissen findet Abnahme nur noch bei einem begrenzten Kundenkreis. Eine Umsatzausweitung ist mit dem bisherigen Produktspektrum nicht möglich. Die Unternehmensleitung hat sich daher entschlossen, eine Neuorientierung der eigenen Produktpalette in die Wege zu leiten. Im Geschäftsjahr 1987 soll eine neue Produktlinie eingeführt werden, bei der eine elektronische Steuerung die mechanische Steuerung ersetzt.

Die Produktneuorientierung kommt in der Planung des Materialanteiles am Umsatz zum Ausdruck. Der Materialanteil bewegte sich bei der bisher angebotenen Produktpalette um etwa 40 Prozent. Bei der Planung für das Jahr 1987 mußte von einem Materialanteil von 45 Prozent ausgegangen werden, da der Materialanteil der neuen Produktlinie wesentlich höher liegt. Gegenüber dem abgelaufenen Jahr soll die neue Produktlinie für das Unternehmen einen Umsatzzuwachs von fünf Prozent bringen. In den folgenden Jahren sollen weitere Produktlinien umgestellt werden. Das soll ein jährliches Umsatzwachstum von fünf bis zehn Prozent bringen.

Bei der Budgetdurchsprache in der Geschäftsleitung wurde festgelegt, daß zunächst der Erfolg mit der zu Beginn des Jahres 1987 umgestellten Produktlinie abgewartet werden sollte, bevor der Konstruktionsbereich den Auftrag zur Umstellung weiterer Produktlinien erhält.

Budgetplanung für das Geschäftsjahr 1987

Aufgrund der erkennbaren Veränderungen hinsichtlich der Struktur der Produktpalette sowie der gegebenen Markt- und Kostensituation wurden der Budgetplanung folgende Annahmen zugrunde gelegt:

- Die Einführung der neuen Produktfamilie rechtfertigt eine reale Wachstumsrate für den Umsatz des Jahres 1987 von fünf Prozent.
- Aufgrund der vorhandenen Marktgegebenheiten wird eine durchschnittliche Preisanhebung für die eigenen Erzeugnisse von 1,35 Prozent vorgegeben.
- Die Strukturveränderung der Produktpalette zwingt zu einer Anhebung des Materialanteiles am Umsatz von bisher 40 Prozent auf 45 Prozent.
- Der Einkauf erwartet eine Verteuerung des Materials im Geschäftsjahr 1987 von 2,7 Prozent, bezogen auf den gesamten Materialeinsatz.
- Aufgrund konkreter Kostensenkungsprojekte und erwarteter Einkaufserfolge unterstellt der Einkauf Kostensenkungen für den Materialeinsatz in Höhe von 0,8 Prozent.
- Die in der Bilanzbesprechung zum 31. 12. 1986 beanstandete Bestandshöhe ist in Relation zum Umsatz in der Planung zu senken.

Die Budgetplanung für das Jahr 1987 und die Istzahlen des Jahres 1986 ergeben sich aus der folgenden Übersicht:

Werte in TDM	Ist 1986	Budget 1987
Umsatz	79 878	85 000
Materialkosteneinsatz	31 951	38 250
Bestände	21 301	21 250
– Roh-, Hilfs-, Betriebsst.	2 198	2 200
– unfertige Erzeugnisse	10 690	10 500
– Fertigerzeugnisse	8 413	8 550

Tab. 13: Budgetplanung 1987

Aufgabenstellungen

1. Wie lautet die Überleitung des Umsatzes von den Istzahlen 1986 zu der Planzahl 1987?
2. Nennen Sie den Materialkosteneinsatz in der Planung 1987 zu den Werten vor der geplanten Verteuerung und der geplanten Kostensenkung sowie die Plansätze der Kostenverteuerung und der Kostensenkung des Materialeinsatzes 1987.

3. Was versteht man unter dem Begriff „Einkaufserfolge"?
   Wie werden Einkaufserfolge ermittelt?
4. Welche Möglichkeiten hat der Einkauf zur Ermittlung der Kostenverteuerungen des Materialeinsatzes in der Budgetplanung?
5. Welche Bedeutung hat der Bestandsausweis in der Budgetplanung für den Materialkosteneinsatz, und welche Bedeutung hat die Aufteilung des Bestandsausweises nach den einzelnen Bestandsgruppen?
6. Beurteilen Sie die Bestandshöhe in der Budgetplanung.

Status 30. 6. 1987

Zum 30. 6. 1987 wird das Halbjahresergebnis vorgelegt, und es werden die Abweichungen gegenüber der Budgetplanung aufgezeigt. Die Zahlen zum Umsatz, dem Materialkosteneinsatz und dem Bestandsniveau zum 30. 6. 1986 und zum 30. 6. 1987 ergeben sich aus der folgenden Tabelle:

Werte in TDM	1. Halbj. 1986	1. Halbjahr 1987		
	Ist	Plan	Ist	Abweichung
Umsatz	36 744	39 100	41 400	2 300
Materialeinsatz	14 698	17 204	19 906	2 702
Bestände	21 482	21 315	21 920	605
– Roh-, Hilfs-, Betriebsstoffe	2 180	2 225	2 230	
– unfertige Erzeugnisse	10 705	10 580	11 150	
– Fertigerzeugnisse	8 597	8 510	8 540	

Tab. 14: Status zum 30. 6. 1987

Die Geschäftsleitung beanstandet, daß für die aufgezeigten Abweichungen beim Umsatz, beim Materialkosteneinsatz und beim Bestandsausweis keine Erläuterungen angegeben sind. Es wird eine eingehende Analyse dieser Abweichungen und eine umgehende Vorlage dieser Analyse angefordert.

Zur Erläuterung der Entwicklung im ersten Halbjahr 1987 ergeben sich aus der wenige Tage später bereitgestellten Ausarbeitung folgende Hinweise:

— Der Umsatzanstieg über Plan ergibt sich aus der nicht in diesem Umfang erwarteten Nachfrage nach der neuen Produktserie.
— Durch die Umsatzzunahme der neuen Produktlinie veränderte sich die Umsatzstruktur im ersten Halbjahr gegenüber der Planung. Statt des im Plan vorgesehe-

nen Materialanteiles am Umsatz von 45 Prozent im Jahresdurchschnitt und von 44 Prozent bezogen auf das erste Halbjahr beträgt der Materialkostenanteil im Ist des ersten Halbjahres circa 48 Prozent.

- Die Verteuerung des Materialkosteneinsatzes wurde vom Einkauf für das erste Halbjahr und für das gesamte Geschäftsjahr mit 2,7 Prozent geplant. Im Ist beträgt die Verteuerung nur 2,2 Prozent.
- Die mit 0,8 Prozent geplante Kostensenkung des Materialkosteneinsatzes wurde im Ist mit 0,9 Prozent erreicht.

Weitere Aufgabenstellungen

7. Entwickeln Sie aufgrund der vorgenannten Angaben zum 30. 6. 1987 die Abweichungsanalyse für den Materialkosteneinsatz.
8. Wie groß ist der Einfluß auf die Materialkostenabweichung durch die Entwicklung des Umsatzes?
9. Wie groß ist der Einfluß auf die Materialkostenabweichung durch die veränderte Wertestruktur?
10. Welche Möglichkeiten zur Beeinflussung der aufgezeigten Materialkostenabweichung durch den Einkauf ist für das laufende Geschäftsjahr gegeben?
11. Welche zusätzlichen Angaben zu der vorgelegten Abweichungsanalyse zum 30. 6. 1987 benötigen Sie zu Beurteilung der Situation!

Lösungsvorschläge zur Fallstudie 3

Zu Frage 1

Der Umsatz des Jahres 1986 betrug	TDM 79878
In der Planung für das Jahr 1987 wurden unterstellt	
– ein Mehrumsatz von 5%	TDM 3994
– ein Preisanhebung von 1,35%	TDM 1132
Planumsatz 1987	TDM 85004
abgerundet	TDM 85000

Zu Frage 2

Der Materialkosteneinsatz für das Jahr 1987 ist in den Annahmen zur Budgetplanung mit 45 Prozent bezogen auf den Umsatz des Geschäftsjahres angegeben. Für das erste Halbjahr ist ein Materialkostenanteil von 44 Prozent geplant.

44% aus TDM 39 100 ergeben die in Tabelle 12
ausgewiesenen   TDM 17 204
Darin sind enthalten:
+ 0,8% Kostensenkung   TDM 17 343
    Kostensenkung daher   TDM   139
− 2,7% Verteuerung   TDM 16 886
    Verteuerung daher   TDM   456
Der Materialkosteneinsatz vor der geplanten
Kostenverteuerung und Kostensenkung beträgt   TDM 16 887

Die geplante Kostenverteuerung in Höhe von 2,7% beträgt   TDM   456

Die geplante Kostensenkung in Höhe von 0,8% beträgt   TDM   139

Zu Frage 3

Einkaufserfolge sind die durch Verhandlungsführung des Einkaufs erzielten Kostensenkungen des Materialkostenniveaus. Sie werden ermittelt durch die Gegenüberstellung des seitherigen Preisniveaus mit dem neuen Preisniveau.

Einkaufserfolge ergeben sich aus:

− Preisverhandlungen mit vorhandenen Lieferanten,
− Bedarfszusammenfassungen zur Erhöhung des Bestellvolumens,
− Vereinbarungen von Rahmenabschlüssen auf der Basis eines Jahres- oder Mehrmonatsbedarfs,
− Einschaltung von Zweitlieferanten,
− Lieferantenwechsel.

Zu Frage 4

Der Einkauf kann durch die laufende Beobachtung der Markt- und Preissituation, durch Marktanalysen und durch Gespräche mit den Hauptlieferanten der wesentlichen Materialpositionen Erkenntnisse über die voraussichtliche Entwicklung des allgemeinen und des spezifischen Preisniveaus gewinnen.

Zu Frage 5

Der Materialeinsatz ist nicht nur von dem Volumen und der Struktur des Umsatzes im Planjahr abhängig. Auch der Bestandsaufbau und der Bestandsabbau beeinflussen den Materialkosteneinsatz. Auf den Materialkosteneinsatz hat jedoch nur ein Teil des ausgewiesenen Bestandes Einfluß. Daher ist die Unterteilung der Bestände nach den einzelnen Bestandsgruppen zur Beurteilung auftretender Abweichungen erforderlich. Ein zusätzlicher Aufbau von unfertigen Erzeugnissen und Fertigerzeugnissen gegenüber der Planung wirkt sich im Materialkosteneinsatz aus, da der in diesen Beständen enthaltene Materialanteil erhöhte Materialkosten nach sich zieht. Der Materialkostenanteil ist bei den unfertigen Erzeugnissen anteilmäßig höher als bei den Fertigerzeugnissen, da bei den unfertigen Erzeugnissen noch nicht die vollen Lohn- und Gemeinkosten angefallen sind.

Zu Frage 6

Die Bestandshöhe in der Planung für das Jahr 1987 kann an Hand der vorhandenen Unterlagen nicht beurteilt werden. Für eine Beurteilung der Bestandshöhe müßte der Umsatz des Folgejahres angegeben werden, da Bestände jeweils für das Folgejahr gebildet werden. Der Bestand zum 31. 12. 1986 muß zum Umsatz des Jahres 1987 in bezug gesetzt werden. Es fehlt also die Umsatzplanung für das Jahr 1988.

Zu Frage 7

Die Abweichungsanalyse zum Stichtag 30. 6. 1987 hat als Grundlage die Daten der Tabelle 14. Die in dieser Tabelle aufgeführten Abweichungen beruhen auf folgenden Einflüssen:

Abweichung zum Umsatz TDM 2300

Die Abweichung beruht auf einem höheren Umsatzvolumen der neuen Produktlinie.

Abweichung zum Materialkosteneinsatz TDM 2702

Die Abweichung setzt sich zusammen aus:

– dem Einfluß der Volumensteigerung des Umsatzes,
– der Strukturveränderung des Umsatzes,
– der veränderten Verteuerung wegen Mehrumsatz,
– der veränderten Kostensenkung wegen Mehrumsatz,
– der Korrektur der Verteuerung im Ist,
– der Korrektur der Kostensenkung im Ist,
– dem Mehrbedarf aus der Bestandsabweichung

Der *Mehrumsatz* erfordert einen erhöhten Materialeinsatz von *TDM 995*. Errechnet wird dies aus dem Prozentsatz der Materialkosten ohne Verteuerung und Kostensenkung zum Planumsatz (TDM 16886 zu 39100 = 43,19 Prozent). Dieser Prozentsatz wird auf den erhöhten Umsatz von TDM 41400 bezogen. Unter sonst gleichen Bedingungen hätte der Materialeinsatz aufgrund des gestiegenen Umsatzes auf (43,19 Prozent von TDM 41400) TDM 17881 steigen müssen. Daher TDM 17881 minus TDM 16886 = TDM 995.

Aus der *Strukturveränderung* ergibt sich ein gegenüber der Planung erhöhter Materialeinsatz von *TDM 1325* (Materialanteil im Ist 48 Prozent gegenüber der Planung 44 Prozent). Errechnet wird dieser Betrag aus dem Materialeinsatz ohne Verteuerung und ohne Kostensenkung (TDM 19655) sowie ohne dem Materialeinsatz für den Mehrumsatz (TDM 995) und für den zusätzlichen Bestandsaufbau (TDM 448). Daraus ergibt sich eine Summe von TDM 18212. Dieser Betrag wird dem ursprünglich geplanten Materialeinsatz ohne Verteuerung und ohne Kostensenkung gegenübergestellt (TDM 16887).

Materialeinsatz im Ist	TDM 19906
+ Kostensenkung (0,9%)	TDM 181
Zwischensumme	TDM 20087
− Verteuerung (2,2%)	TDM 432
Zwischensumme	TDM 19655
− Materialeinsatz für Mehrumsatz	TDM 995
Zwischensumme	TDM 18660
− Materialeinsatz für Bestandsaufbau	TDM 448
Bereinigter Materialeinsatz	TDM 18212

Struktureinfluß daher:	
Materialeinsatz im Ist	TDM 18212
Materialeinsatz im Plan	TDM 16887
Strukturveränderung	TDM 1325

Aus der *geplanten Verteuerung des Mehrumsatzes* und des entsprechenden Mehrverbrauches an Material ergibt sich folgender Einfluß:

Geplante Verteuerung (2,7%) zu Planumsatz	TDM 456
Verteuerung (2,7%) aus Mehrumsatz	TDM 531
Einfluß aus Mehrverbrauch/Mehrumsatz	TDM +75

Aus der *geplanten Kostensenkung des Mehrumsatzes* und des entsprechenden Mehrverbrauches an Material ergibt sich folgender Einfluß:

Geplante Kostensenkung (0,8%) zu Planumsatz	TDM 139
Kostensenkung (0,8%) aus Mehrumsatz	TDM 161
Einfluß aus Mehrverbrauch/Mehrumsatz	TDM −22

Aus der *Korrektur der Verteuerung* (2,2% statt 2,7%) ergibt sich folgender Einfluß auf den Materialkosteneinsatz:

2,7% aus TDM 19658 =	TDM 531
2,2% aus TDM 19658 =	TDM 432
Einfluß aus Korrektur	TDM −99

Aus der *Korrektur der Kostensenkung* (0,9% statt (0,8%) ergibt sich folgender Einfluß auf den Materialkosteneinsatz:

0,8% aus TDM 20186 =	TDM 162
0,9% aus TDM 20186 =	TDM 182
Einfluß aus Korrektur	TDM −20

Der Mehrbedarf beim Materialeinsatz aus der *Bestandsabweichung* resultiert im wesentlichen aus dem zusätzlichen Aufbau der unfertigen Bestände, wie sich aus der Tabelle 14 ablesen läßt. Die Struktur der unfertigen Bestände hat einen anderen Materialinhalt als der Umsatz. Im Durchschnitt sind Löhne und Gemeinkosten nur zur Hälfte enthalten.

Daraus errechnet sich für den Einfluß aus der Bestandserhöhung ein Anteil von 73% aus TDM 605   =   **TDM 448**

Werte in TDM	Plan	Ist
Materialeinsatz	16887	16887
Einfluß aus Volumen		+ 995
Einfluß aus Struktur		+ 1325
Einfluß aus Bestandsänderung		+ 448
Zwischensumme		19655
Verteuerung	+ 456	+ 531
Kostensenkung	− 139	− 161
Korrektur Verteuerung		− 99
Korrektur Kostensenkung		− 20
Summe Materialeinsatz	17204	19906

Tab. 15: Gegenüberstellung Materialkosten Plan und Ist zum 30. 6. 1987

Abweichung zum Bestandsausweis TDM 605

Der gegenüber der Planung erhöhte Umsatz bedingt einen höheren Bestand. Dieser ergibt sich aus der Differenz von Planbestand und Istbestand zum 30. 6. 1987

Plan   TDM 21 315
Ist   TDM 21 920

Abweichung   TDM   605

Die Auswirkung auf den Materialeinsatz wurde bereits weiter oben dargestellt.

Zu Frage 8

Die Volumenentwicklung des Umsatzes wirkt sich auf den Materialeinsatz

− direkt   über den Mehrverbrauch,
              über Strukturveränderungen,
              über Kostenverteuerungen des Mehrverbrauches
              und Kostensenkungen des Mehrverbrauches,
− indirekt über einen höheren Bestandsaufbau
aus.

Zu Frage 9

Einflüsse aus der Wertveränderung ergeben sich aus
− Veränderungen bei den Verteuerungen und
− Veränderungen bei den Kostensenkungen.

114

Zu Frage 10

Die Möglichkeiten des Einkaufs zur Beeinflussung der Materialkosten im laufenden Geschäftsjahr beziehen sich auf

− die Verteuerung der Materialkosten,
− die Kostensenkungsaktivitäten,
− die Bestandsbeeinflussung durch Maßnahmen zur Verbesserung des Materialflusses und durch Verlagerung von Beständen zum Lieferanten.

Zu Frage 11

In der Tabelle 14 zum Status 30. 6. 1987 fehlt der Forecast zum Geschäftsjahresende. Nur mit Hilfe dieser Vorschau auf die zu erwartenden Zielverfehlungen läßt sich der vorgelegte Status beurteilen.

Literaturverzeichnis

1 Becker, W., Weber, J.: Vom Verkäufer- zum Einkäufermarkt, strategische Beschaffung als Schlüssel zum Einkäufermarkt, in: Beschaffung aktuell, Bundesverband Materialwirtschaft und Einkauf e. V. BME, Heft 4 (1986), S. 36 ff.

2 Benz, H.: Rationeller Einkauf − optimale Lagerhaltung, Leitfaden zur Beschaffungsplanung, in: RKW-Reihe: Unternehmensplanung, Berlin, Köln 1976

3 Beschaffung aktuell: Was sagen Topmanager über den Einkauf, in: Beschaffung aktuell, Bundesverband Materialwirtschaft und Einkauf e. V. BME, Heft 8 (1983), S. 6

4 Böning, D.: JIT die Wunderdroge? in: Beschaffung aktuell, Bundesverband Materialwirtschaft und Einkauf e. V. BME, Heft 4 (1986), S. 49

5 Bornemann, H.: Unternehmensplanung als Führungsinstrument, Wiesbaden 1973

6 Bornemann, H.: Die Planung in Unternehmen, Wiesbaden 1983

7 Bornemann, H.: Der Beitrag des Controlling zur Optimierung des Logistik-Bereiches, in: Produktivität − Flexibilität durch Logistik, Berichtsband über den Logistik-Kongreß 1984, München 1984, S. 1084 ff.

8 Bornemann, H.: Partnerschaftliche Zusammenarbeit zwischen Fertigungstechniker und dem Controller, in: Handelsblatt Nr. 158 vom 20. 8. 1985

9 Bornemann, H.: Controlling heute, 2. Auflage, Wiesbaden 1986

10 Bornemann, H.: Bestände-Controlling, Wiesbaden 1986

11 Bornemann, H.: Die Wertanalyse für Kaufteile, ein Kostensenkungsinstrument im Einkauf, in: Beschaffung aktuell, Bundesverband Materialwirtschaft und Einkauf e. V. BME, Heft 4 (1986), S. 43 ff.

12 Bramsemann, R.: Controlling, Wiesbaden 1977

13 Buchner, M.: Controlling − ein Schlagwort? Frankfurt/M., Bern 1981

14 Budde, R.: Kluge Vorratspolitik sichert günstige Beschaffung, in: Beschaffung aktuell, Bundesverband Materialwirtschaft und Einkauf e. V. BME, Heft 2 (1983), S. 26 ff.

15 Dangelmaier, W.: Zusammenarbeit Beschaffung und Produktion, in: Beschaffung aktuell, Bundesverband Materialwirtschaft und Einkauf e. V. BME, Heft 9 (1983), S. 30 ff.

16 Deyhle, A.: Controller-Praxis, München 1971

17 Emmerling, G.: Wertanalyse mit Geschäftspartnern: Kosten senken muß als Projektziel stehen, in: Beschaffung aktuell, Bundesverband Materialwirtschaft und Einkauf e. V. BME, Heft 4 (1986), S. 45

18 Fässler, K., Kupsch, P. W.: Beschaffungs- und Lagerwirtschaft, in: Heinen, E.: Industriebetriebslehre, 7. Auflage, Wiesbaden 1983

19 Fielen, R.: Materialwirtschaft im Mittelstand, in: Beschaffung aktuell, Bundesverband Materialwirtschaft und Einkauf e. V. BME, Heft 2 (1984), S. 9 ff.

20 Freiling, D.: Budgetierungs- und Controllingpraxis, Wiesbaden 1980

21 Gabler-Lexikon (Hrsg. Bundesverband Materialwirtschaft und Einkauf e. V.), Materialwirtschaft und Einkauf, Wiesbaden 1983

22 Grochla, E.: Grundlagen der Materialwirtschaft, 3. Auflage, Wiesbaden 1978

23 Grochla, E., Fieten, R., Puhlmann, M. Vahle, M.: Kennzahlen Materialwirtschaft in mittelständischen Industrieunternehmen, in: Schmalenbachs Zeitschrift für betriebswirtschaftliche Forschung, Heft 6 (1982), S. 569–580

24 Haller, K.-H.: Kein Patentrezept zur Minimierung des Umlaufvermögens, in: Handelsblatt Nr. 163 vom 27. 8. 1985

25 Harlander, N. A.: Beschaffungsmarketing, in: Beschaffung aktuell, Bundesverband Materialwirtschaft und Einkauf e. V. BME, Heft 4 (1983), S. 23 ff.

26 Harlander, N. A., Koppelmann, U.: Integrierte Materialwirtschaft – ein Reizwort im wahrsten Sinne des Wortes, in: Beschaffung aktuell, Bundesverband Materialwirtschaft und Einkauf e. V. BME, Heft 9 (1983), S. 18 ff.

27 Hedrich, H.: Kostensenkung durch Qualitätssicherung, in: Beschaffung aktuell, Bundesverband Materialwirtschaft und Einkauf e. V. BME, Heft 2 (1983), S. 24

28 Henderson, B. D.: Die Erfahrungskurve in der Unternehmensstrategie, Frankfurt 1974

29 Henfling, M.: Lernkurventheorie, Würzburg 1978

30 Hoffmann, H.: Wertanalyse, Berlin 1979

31 Holl, H. G. (Hrsg.): Controlling – das Unternehmen mit Zahlen führen, Stand Januar 1984, Kissing, Zürich, Paris, Mailand, Amsterdam

32 Kaeseler, W.: Zeitgemäße Materialwirtschaft, Essen 1972

33 Kellermann, A. F.: Bestandscontrolling aus der Sicht der Unternehmensleitung, Zeitschrift für Betriebswirtschaft, Ergänzungsheft 2 (1984)

34 Köckmann. P.: Strategischer Einkauf, in: Beschaffung aktuell, Bundesverband Materialwirtschaft und Einkauf e. V. BME, Heft 3 (1983), S. 31

35 Kosiol, E. und Mitarbeiter: Einkaufsplanung und Produktionsumfang, Berlin 1956

36 Mann, R.: Die Praxis des Controlling, München o. J.

37 Meyer, H.: Instrumente des Bestandscontrolling, in: Beschaffung aktuell, Bundesverband Materialwirtschaft und Einkauf e. V. BME, Heft 10 (1983), S. 21 ff.

38 Miles, L. D.: Value Engineering, Deutsche Übersetzung, München 1964

39 Orth, H.: Die Wertanalyse, Wiesbaden 1968

40 Peemöller, V. H.: Praktisches Lehrbuch Controlling und betriebliche Prüfung, München 1978

41 Poley, W. L.: Der Einkauf beginnt mit der Produktplanung, in: Beschaffung aktuell, Bundesverband Materialwirtschaft und Einkauf e. V. BME, Heft 6 (1983), S. 19

42 Poley, W. L.: Zielsetzung im Einkauf, die Erfahrungskurve als Instrument zur Bestimmung der Einkaufskosten, in: Beschaffung aktuell, Bundesverband Materialwirtschaft und Einkauf e. V. BME, Heft 8 (1983), S. 25 ff.

43 Schäfer, H.: JIT im 3-Stunden-Takt, in: Beschaffung aktuell, Bundesverband Materialwirtschaft und Einkauf e. V. BME, Heft 4 (1986), S. 51

44 Schäuffelen, H.: Integrierte Materialwirtschaft – eine unternehmerische Aufgabe, in: Beschaffung aktuell, Bundesverband Materialwirtschaft und Einkauf e. V. BME, Heft 6 (1983), S. 15 ff.

45 Schwarze, H.: Controlling, ein Konzept neuzeitlicher Unternehmensführung, München 1972

46 Sell, J.: Erfolgschancen im Materialbereich, Bad Wörishofen 1972

47 Sell, J.: Einkäufer holen Ideen ins Unternehmen, in: Beschaffung aktuell, Bundesverband Materialwirtschaft und Einkauf e. V. BME, Heft 11 (1983), S. 24ff.

48 Strauß, J.: Maximale Lieferbereitschaft bei minimalem Kapitaleinsatz, Beständeüberwachung im Industriebetrieb, in: Beschaffung aktuell, Bundesverband Materialwirtschaft und Einkauf e. V. BME, Heft 3 (1983), S. 26ff.

49 Strobel, W.: Controlling und Unternehmensführung, in Jacob, H. (Hrsg.): Controlling und Finanzplanung, Wiesbaden 1979

50 Theuer, G., Schiebel, W., Schäfer, R.: Beschaffung, ein Schwerpunkt der Unternehmensführung, Landsberg 1986

51 Tretow, G.: Einflußgrößen der Materialbestandsplanung, in: Beschaffung aktuell, Bundesverband Materialwirtschaft und Einkauf e. V. BME, Heft 10 (1983), S. 24ff.

52 VDI: Wertanalyse, Düsseldorf 1975

Verzeichnis der Abbildungen

Verzeichnis der Tabellen

Stichwortverzeichnis